Ferdinand Sterzinger

Betrügende Zauberkunst und träumende Hexerei

Ferdinand Sterzinger

Betrügende Zauberkunst und träumende Hexerei

ISBN/EAN: 9783743639027

Hergestellt in Europa, USA, Kanada, Australien, Japan

Cover: Foto ©ninafisch / pixelio.de

Weitere Bücher finden Sie auf **www.hansebooks.com**

Betrügende Zauberkunst

/1273

und träumende Hexerey,

oder

Vertheidigung

der akademischen Rede,

von dem

gemeinen Vorurtheile der wirkenden und thätigen Hexerey,

wider

das Urtheil ohne Vorurtheil x.

gestellet

von P. Don Ferdinand Sterzinger, regulierten Priester, Theatiner, Mitgliede der churbaierischen Akademie der Wissenschaften.

Mit Erlaubniße der Oberen.

München,

zu finden in der akademischen Buchhandlung. 1767.

Non te arbitror sic legi tuos libros *) velle,
tanquam Prophetarum & Apostolorum.

S. Augustinus ad Hier.
Epist. 19. T. 2. pag. 27.
edit. Paris. an. 1649.

*) Id est: Das Urtheil ohne Vorurtheil über die wirkende und
thätige Hexerey.

Vorbericht.

Jede Schrift, die sich an das Licht waget, besonders, wenn sie bedenkliche und wichtige Gegenstände abhandelt, setzet sich einer Menge der Urtheile aus. Sie hat aber nicht Ursache, ein jedes zu fürchten; sondern wo Vernunft und Wahrheit ihr entgegen spricht, muß sie aufmerksam seyn; gegen die Schmähsucht aber, und gegen den unvernünftigen Tadel muß sie taube Ohren haben. Die akademische Rede von dem gemeinen Vorurtheile

der

der wirkenden und thätigen Hexerey war ein Versuch,
ob man gewisse Leute von einem aus der Kinderwiege
ererbten Vorurtheile befreyen könnte.   Von den Gelehrten, die die feinen Wissenschaften zu schätzen wissen,
fand mein geringes Werkchen den schätzbaren Beyfall.
Jene aber, die an der Kette des Vorurtheils angeschmie-
det, fühllos schlummern, die die Erblehre der Kinder-
magd als ein Evangelium halten, die keine gegenseitigen
Gründe jemal eingesehen haben, die keinen Geschmack an
der Gelehrsamkeit fühlen, haben freylich meine Schrift
verachtet, beschimpfet, und verleumdet. Aber ein dergleichen Schicksal haben alle jene Schriften zu erfahren,
die anderst sprechen, als der gemeine Haufe.

Es ist den zween großen Männern Maffei, und
Tartarotti, die das Eis der Hexerey gebrochen haben,
um kein Härlein besser gegangen. Ich lachte also nur
über das grundlose Urtheil der Ungelehrten, und des gemeinen Pöbels; ich war aber desto eifriger von den Gelehrten, mit denen ich mich theils freundschaftlich unter-
halte, theils im Briefwechsel stehe, zu vernehmen, was

sie

fie von meinem Lehrgebäude hielten. Die einstimmige
Bekenntniß dieser Männer war: daß der Stoff meiner
akademischen Rede sehr nützlich sey, die Materie in seinem kleinen Umfange bündig abgefasset, und daß man
nichts mehr wünschete, als daß dieses lächerliche Vorurtheil einmal gehoben würde. Eine unbekannte, aber
sehr gelehrte Feder hat mich mit einem dergleichen höf-
lichen Schreiben beehret, sie stellet viele Fragen, die ich
auflösen sollte. Wäre ich durch gegenwärtige Arbeit nicht
verhindert worden, so hätte ich diesen Brief an das Licht
gegeben, und die Fragen beantwortet. Jetzo wird mein
hochzuehrender Fragensteller in diesem Werkchen seine Zweifel aufgelöset finden.

Es waren schon wirklich fünf bis sechs Wochen
verflossen, daß meine akademische Rede unangefochten
blieb. Endlich ist eine Schrift öffentlich in dem Druck
erschienen unter dem Titel Urtheil ohne Vorurtheil über
die wirkend- und thätige Hexerey. Der Verfasser will
sich nicht zu erkennen geben, er nennet sich nur einen
Liebhaber der Wahrheit. Den Ort, wo es gedruckt

)(3   wor-

worden ist, getrauete er sich in der ersten Auflage auch
nicht beyzusetzen; in der andern aber stehet: Sterzingen
im Tyrol *). Der Herr Gegner konnte nicht verkochen,
daß man die Hexen aus dem Buche der Lebendigen ver-
tilgte; er will also der unterdrückten Hererey wiederum
ihren alten Werth geben. Und warum? das ist ein Ge-
heimniß, so ich, und noch einige wissen. Warum er sich
aber gescheuet hat seinen Namen beyzusetzen, das weis
ich gar nicht: es deucht mich, daß er sich fürchtete mit
seiner verworrenen Waare von der gelehrten Welt aus-
gelacht zu werden. Ich wäre zwar keinesweges schuldig
einem unbekannten Autor eine Antwort zu geben, da es
allemal eine richtige Anzeige ist, daß derjenige, welcher
seinen Namen verschweiget, gern lästern wolle: welches
keine Antwort verdienet; weil ich aber ohnehin gesinnet
war bey einer andern Gelegenheit von der Zauberkunst
zu sprechen, oder wohl gar eine Abhandlung zu machen,
um meine akademische Rede wider alle Anfälle, und Ein-

wür-

---

*) Fürwahr ein spitzfindig- und sinnreicher Gedanke. Nur Schade,
daß solcher in der ersten Auflage ist vergessen worden. Die Gelehrten werden es beweinen.

würfe, die wegen der gesetzten Schranken einer halben
Stunde nicht erörtert und aufgelöset werden konnten, zu
beschützen und aufrecht zu halten, so will ich mir diese
Gelegenheit, da sich ein Verehrer des Hexensystems wider mein Lehrgebäude auflehnet, zu Nutze machen, und
sowohl die Nichtigkeit der Zauberkunst als der Hexerey in ihrer Blöße vor die Augen legen mit Versiche-
rung, daß kein Hexenvertheidiger von mir mehr eine Antwort zu gewarten habe. Der Herr Gegner hätte zwar
in seiner Lobpredigt von der Hexerey, von dieser allein
reden sollen, weil ich in meiner akademischen Rede ausdrücklich sage fol. 5. Daß ich mich für dießmal nur be-
gnüge, zu beweisen, daß es ein Vorurtheil schlechtden-
kender Seelen sey, die da glauben, daß es eine wirkende und thätige Hexerey gebe. Allein der gute Mann
mußte die Stärke der Männer haben, und von ihnen die
Künste borgen, um auch die Weiber stark und kunstreich
zu machen. Der Herr Prüfer nennet sich einen Liebhaber der Wahrheit; aber solche waren auch Homerus,
Apollonius, Tyanäus, und Aesopus. Er fället ein Urtheil ohne Vorurtheil, und will einen Splitter aus meinem

nem Auge ziehen, da er doch den Balken in dem seinen nicht entdecket hat, ja da ihm noch die Mährchen der Dunkelstube ankleben, und da er die Phantasien für Wahrheiten, das Blendwerk für eine Wirklichkeit, und die Betrüge für ernsthafte Wunder verkaufet. Der Herr Gegner bemühet sich aus der Erblehre der heiligen Väter, aus den Verordnungen und Gebräuchen der Kirche, aus den geistlichen und weltlichen Rechten, und letztens aus der Vernunftslehre zu erproben, daß es eine wirkliche und thätige Hexerey und Zauberkunst noch heutiges Tages gebe.

Wir werden also unserem Gegner von Schritte zu Schritte folgen: wir wollen alles genau prüfen und in das Mark selbst hineindringen: und überlassen sobann dem geneigten und vernünftigen Leser zu urtheilen, ob wir mit Rechte sagen, daß die Zauberey betrügend, und die Hexerey träumend sey.

I.

I.

Es ist nicht zu zweifeln, daß der Glaube an die Hexerey und Zauberkunst unsrer heiligen Religion mehr, als der Unglaube nachtheilig sey; denn wenn wir glauben, daß der Teufel allen jenen Menschen erscheine, die ihm ihre Seelen durch geheime oder ausdrückliche Bindnisse verpflichten, ihn anrufen, oder durch abergläubische Ceremonien beschwören, daß er ihnen ihren bösen Willen erfülle, und Wunder wirke, sperren wir den Gottlosen, und Verruchten, den Verzweifelten oder Unglücklichen Thüren und Angel auf, ihre Zuflucht zu dem Satan zu nehmen, um zu ihren verdammten Absichten zu gelangen. Belehren wir aber aufrichtig das Volk, daß der Satan nicht das mindeste durch Zaubereyen zu wirken fähig sey, so wird es von so verführerischen Einbildungen und sündhaftem Versuche ab, und zu gesündern Gedanken geführet. O daß man doch dergleichen Wahrheiten reifer überlegte! O daß man erwegete, daß die Heiligkeit und Wahrheit unserer

Der Glaube an die Hexerey und Zauberkunst ist der Religion mehr nachtheilig als der Unglaube.

A   Re-

Religion, so lächerlicher und falscher Schminke, als die Behauptung der so nichtigen Zauberwerke nicht nöthig hat! Ist dann nicht der Reinigkeit unserer Religion höchstens zuwider, daß wir dem Satan eine Gewalt zueignen, die nur der Allmacht GOttes allein zustehet, und daß wir GOtt und seine Allmacht dem Wille eines verstossenen Geistes, oder eines alten Weibes, oder eines boshaften Betrügers, unterwerfen? Ist es wahrscheinlich, daß GOtt, nachdem er uns durch seine Propheten, Apostel und Erblehre der Väter versicheret, daß durch die Menschwerdung des göttlichen Sohnes dem Satan alle Gewalt benommen sey das menschliche Geschlecht durch Zauberwunder zu äffen und zu verführen, dergleichen noch zulassen werde? Der Beweis wird den Ausschlag geben.

II.

Vor allen müssen wir aufsuchen, woher die Zauberey ihren Ursprung habe. Es ist unstreitig, daß die Heyden die ersten waren, die der Zauberey anhiengen. Sie glaubten an nichts als an Götter, und die Geister selbsten waren bey ihnen eine Art der Halbgötter. Die Zauberkunst hielten sie ungezweifelt für ein Werk der Götter: Sie stunden also in der Meynung, daß sie durch die Zauberkunst den Göttern befehlen könnten, ja daß sie die Verstorbenen aus dem Reiche der Todten könnten zurückrufen, Donner und Hagel in den Lüften erregen, die Erde erschüttern, und alle Elemente unter sich kehren u. d. gl. Damit nun diese Großsprecher, die sich auf die Gelehrtheit die bösen Geister sich dienstbar zu machen oder Goetie legten, bey dem gemeinen Pöbel Ansehen und Glaube zu ihrem Nutze und Gewinn erhalten möchten, so gaben

Ursprung der Zauberey bey den Heyden.

sie

ſie vor, daß ſie Meiſter über die Götter wären. Sie erdich,
teten alſo Mährchen, Geſchichten u. d. gl. der neubegierige
Pöbel nahm dieſelben begierig an, und um dieſen deſto beſſer
zu überreden bedienten ſie ſich allerhand Gauckelſpiele, und
Blendwerke, und hierin beſtund die Zauberkunſt der Heyden,
wie Cicero gar ſchön ſaget. a) Man kann billig mit den
Irrthümern der Dichter die Wunderwerke der Zauberer und
Aegyptier verknüpfen; ſie ſind eine Thorheit von gleicher Art;
eben ſo ſind die Meynungen des gemeinen Pöbels, der aus
Unwiſſenheit der Wahrheit in der größten Finſterniße ſchwebet.

III.

Unſere alten Chriſten, die mit den Heyden gemein,
ſchaftlich lebeten, erlerneten von ihnen dieſe betrügeriſche Wiſ,
ſenſchaft oder Zauberey nur mit dem Unterſchiede, daß die
Chriſten anſtatt der heydniſchen Götter die geheimnißvollen
Worte GOttes, der Engeln und gewiſſe Sprüche der heil.
Schrift zu ihren Zauberkünſten misbrauchen. Daß ſie aber
eine wirkliche Zauberkunſt ausgeübt hätten, finde ich in keinem Schriftſteller. Wohl aber leſe ich in dem großen Sit-
tenlehrer Seneca, folgende Worte: b) *Es wird bey uns
in den zwölf Tafeln verbothen das Verzauberen
der Feldfrüchten. Das dumme Alterthum glaub,
te, daß man durch Zaubereyen könne den Regen
bringen und verhinderen. Daß aber dergleichen
nicht geſchehen könne, iſt ſo offenbar, daß man* deß:

A 2

a) L. 1. de nat. Deor.
b) Nat. Q. L. 4. c. 7.

beßwegen nicht nöthig hat, die Schulen der Weltweisen zu betretten.

IV.

In dem dreyzehenden Jahrhunderte nach Christi Geburt wurde eine neue Art der Zauberkunst erfunden, und diese soll bestehen in einem ausdrücklichen Bunde mit dem Teu-
Neue Art der
Zauberkunst. fel, kraft dessen er dem Zauberer alles nach seinem Wille
zu thun verspricht, wenn ihm der Zauberer seine Seele ver-
pfändet, und solches mit eigner Handschrift bekräftiget. Von
einem so erschrecklichen Bündniße haben wir keine Spur weder in dem grauen Alter der Heyden, weder in den ersten
Zeiten des Christenthums. Cäsarius aus dem Cistercienser-
orden solle der erste gewesen seyn, der von dieser Fabel
schreibet. c)

V.

Ist also die Zauberey, die schwarze nämlich oder
verbothene, von der wir durchaus reden werden, dem Vorgeben nach eine Kunst, kraft welcher man nach vorhergehen-
Beschreibung dem geheimen oder ausdrücklichen Bindniße mit dem Teufel,
der Zauber- durch Beschwörungen, Zaubersprüche und dergleichen wirk-
kunst und He-
rerey. liche und thätige Wunder wirken kann. Die Hexerey be-
stehet eben in einem ausdrücklichen oder geheimen Bunde mit
dem Satan, in Kraft dessen man sich demselben gegen die
von ihm versprochene Vortheile als eigen übergiebt.

VI.

---

c) Vid. Costantino Grimaldi Differt. delle 3. magie §. 8. Tartarotti Apolog. Offervaz. 93.

VI.

Wir schreiten nun zum Werke: wir wollen das Urtheil unsers Gegners, ohne Vorurtheil prüfen, und am ersten se= hen, ob aus der Geschichte des alten Bundes von den ägyp= tischen Zauberern, die auf den Befehl des hartnäckigen Kö= nigs **Pharao** die Wunderwerke des Mos:s jenes großen Führers des Volkes Israel nachzuäffen sich erfrechet haben, die Wirklichkeit der Zauberkunst unwidersprechlich (wie mein Herr Gegner §. 3. glaubet,) gefolgeret werden kann? Die heiligen Väter sind in der Auslegung dieser Geschichte nicht einig. Viele meynen, es seyen nur Blendwerke und phanta= stische Vorspiegelungen gewesen. Andere glauben, die Schlan= gen seyen durch die bösen Engel, und durch die Wissenschaft des Teufels gemacht worden. Einige aber bestehen darauf, es seyen wirkliche durch eine geheime den Aegyptiern bekann= te Kunst hervorgebrachte Schlangen gewesen.

Die Zauberer des Pharao waren nur Betrüger.

VII.

Der gelehrte **Marius** d) bezeuget, daß der heilige **Hieronymus,** e) **Tertullianus** f) und andere Väter der ersten Meynung gefolget haben, daß es nämlich keine wahre Schlangen, Blut und Frösche gewesen seyen, sondern daß die Zauberer durch Blendwerke die Augen der Zuschauer be=

A 3   tro=

d) Wie P. Wouters der lovaniensische Lehrer der göttlichen Schrift aus dem Eremitenorden des heil. Augustinus in seiner zu Löwen heraus= gegebenen Auslegung der heil. Schrift, T. 2. q. 1. in c. 7. Exod. anführet.

e) In c. 3. Epist. 2. ad Timoth.

f) L. de Anima.

trogen hätten. Also lehren auch der heilige Clemens, g)
der heilige Justinus der Martyrer, h) Avitus Alcimus i)
und andere. k) Diese Auslegung scheinet ganz genau mit
der göttlichen Schrift übereinzustimmen; denn wir lesen, daß
in dem Buche Exodus die Werke des Moyses und Aaron,
nicht aber die Werke der ägyptischen Zauberer Zeichen und
Wunder genannt werden. Hingegen da die heilige Schrift
von den Werken der ägyptischen Zauberer redet, spricht sie
also:l) Pharao berief seine Weisen und Zauberer,
und sie thaten durch die ägyptischen Zaubersprüche, und einige Geheimnisse deßgleichen. Der Grund-
text bedienet sich des Worts Lartunia, so in unserer Mut-
tersprache soviel sagen will, als verborgen; folglich haben
die Zauberer durch einen geschickten Betrug ihre Werke also
zu verbergen oder zu verhüllen gewußt, daß man glaubte,
die Sache sey nicht anders als wie sie solche vorgaben.
Die ägyptischen Zauberer waren auch anfänglich nicht gegen-
wärtig, da Moyses und Aaron ihre Ruthe in eine Schlange verwandelten. Es berief aber, saget der heilige Text,
der Pharao die Weisen und Zauberer; Sie hatten also schon gehöret, was vorgieng, und zu was sie der König
Pharao berief. Konnten sie demnach nicht (wie Scipio
Maf-

---

g) L. 3. Recognit.
h) In Explicat. Quæst. Christianis propos. q. 26.
i) L. 2. de Peccato Orig.
k) Die vom Wierus L. de Lamiis angezogen werden.
l) Exod. c. 7. v. 11.

Maffei, m) Conſtantinus Grimaldi, n) Johannes Ri‑
naldus Carli o) *de S. Andrè*, p) und noch andere Gelehr‑
ten meynen, Schlangen, deren ſich die Zauberer oder Betrü‑
ger in Aegypten beſtändig bedienten, unter ihren Kleidern
verborgen gehabt, und in einem Augenblicke durch eine den
Taſchenſpielern übliche Geſchicklichkeit ihre Stäbe oder Ru‑
ſhen gezeiget, aber anſtatt derſelben die lebendigen Schlan‑
gen dahin geworfen haben? welche Meynung aus dem beſtät‑
tiget wird, daß ſie ihre Schlangen nicht wiederum in die
Stäbe verwandeln konnten, ſondern von den Schlan‑
gen des Moyſes verſchlingen ſehen mußten.

VIII.

Wir wollen aber auch zugeben, daß die ägyptiſchen
Zauberer durch den Beyſtand des Teufels Schlangen und
Fröſche hervorgebracht, und das Waſſer in Blut verwan‑
delt haben. Sind es darum wirkliche Schlangen und Frö‑
ſche, oder wahres Blut geweſen: Nein, ſagen die oben an‑
gezogenen Väter: ſondern es haben die Zauberer durch eine
teufliſche Kunſt, die Augen der Zuſeher alſo verblendet, oder
einen ſolchen Schein und Nebel vor die Augen gewor‑
fen, daß es den Zuſehern dasjenige zu ſeyn ſchien, was
es doch in der That nicht war. Sie glaubten nämlich wirk‑
liche Schlangen, Fröſche und wahres Blut zu ſehen; aber
an‑

---

m) Arte magica annihil. L. 3. c. 2.
n) Differt. ſopra le tre magie §. 20.
o) Nella lettera al Tartarotti intorno alla Origine della magia §. 39.
p) Lettres de la magie lett. 2. p. 72.

anstatt eines wahren und thätigen Dinges, war ein betrügen-
des und phantastisches Nichts zugegen.

IX.

Unser Herr Gegner muß also entweder geglaubet haben, ich sey gezwungen, die Auslegung des heiligen Augustinus, und des heiligen Thomas ohne Widerspruch anzunehmen, die der anderen oben berührten Meynung beyfallen,
daß nämlich die Schlangen u. s. f. durch die bösen Engel seyen
gemacht worden: oder er muß die Ausleger der heiligen Schrift
wenig durchgeblättert, und die verschiedenen Meynungen der
Väter nicht gewußt haben, sonst hätte er nicht so dreist auf-
rufen können: Wie wird wohl jezo unser Verfasser seinen ersten Satz behaupten, nämlich daß alle Hex- und
Zauberey ein eitel und nichtiges Ding sey. Der erleuch-
te Prüfer hätte voraus sehen können, daß diese Geschichte
des alten Bundes, allwo von Seiten der Zauberer nichts als
Betrug, Gauckelspiel oder Blendwerk vorgekommen sind,
meinen ersten Satz vielmehr bekräftige, als schwäche.

X.

Von den ägyptischen Zauberern beliebet es ihm §. 4.
zu der berüchtigten Hexe von Endor zu gehen. Ich folge ihm
mit Freuden nach, weil ich sehe, daß er in dieser Geschichte eine mehrere Belesenheit hat, und von allen dreyen
Meynungen der Ausleger unterrichtet ist. Nur Schade,
Die Hexe von daß die ganze Geschichte sehr übel angebracht ist, und daß
Endor war er das eigne Messer an seine Kehle setzet. Hier sind seine
nur eine Lüg-
nerinn. Worte: Ist also Samuel wirklich erschienen, nicht
zwar,

zwar, als hätten die Zaubersprüche der Here dieses ver-
möget, sondern auf außerordentliche Zulassung GOttes.
Wenn also Samuel nicht durch die Gewalt der Beschwörungen, sondern aus einer sonderbaren Zulassung GOttes erschienen ist, ohne auf den Willen der Zauberinn, oder auf
die Mitwirkung des Satans acht zu haben, so hat weder
der Teufel, noch die Zauberinn in diesem Werke einen Antheil gehabt: folglich ist nicht die mindeste Spur einer wirkenden Zauberey zugegen gewesen.

XI.

Wir sind also mit der Auslegung unsers Herrn Gegners vollkommen eins, und behaupten solche mit dem H.
Justinus, q) H. Basilius, r) H. Ambrosius, s) H. Hiero-
nimus, t) H. Augustinus v) und andern Kirchenvätern,
welche die Erscheinung des wahren Samuels annehmen, und
einstimmig bekennen, daß Samuel nicht auf die zauberische
Beschwörung der Here zu Endor, sondern auf den Befehl
und die Anordnung GOttes dem Saul erschienen sey. Saul
wollte den Samuel als einen Propheten hören, und der un-
endlich gütige GOtt verordnete, daß ihm Samuel aus dem
Reiche der Todten erscheinen, und gleichsam zum Uebermaaße
seiner Barmherzigkeit, und zu der letzten Warnung im Falle
seiner Beharrung im Bösen den Untergang weissagen mußte.

B   We-

q) In Dialog. cum Tryph.
r) Epist. 80.
s) In c. 1. Lucae.
t) In c. 7. Isa.
v) Lib. de octo Dulcit. q. 6. n. 3.

Weder die Hexe, noch ihr vorgeblicher Bundesgenoſſener, der
Satan hatten die Gewalt, Samuel den Gerechten aus der
Vorhölle zu berufen, wie alle heil. Väter und Schriftſteller
bemerken, und alle rechtdenkenden Chriſten glauben müſſen.
Wenn alſo in dieſer ganzen Geſchichte die Zauberkunſt nicht
das mindeſte gewirket hat, ſo folget ſonnenklar, daß die
Hexe zu Endor keine wahre Hexe, die durch ihre Zauberey
Wunder zu wirken vermochte, ſondern eine Lügnerinn, und
Betrügerinn geweſen ſey.

XII.

Es wird alſo durch die göttliche Schrift des alten
Geſetzes beſtättiget, daß es Menſchen gab, die ſich für Zauberer, Hexen, und Wahrſager ausgaben, wie wir noch heute
glauben, daß dergleichen unſinnige Menſchen gefunden werden : daß aber ihre Kunſt etwas Wirkliches vermöge, das
zeiget die heilige Schrift an keinem Orte, und es iſt grund-
falſch, was unſer Gegner §. 4. ſaget: ja aus der Erzäh-
lung dieſer Geſchichte erhellet, daß dieſe Hexe durch
ihre Zauberſprüche öfters die Geiſter, mit welchen ſie
in Bündniße ſtund, beſchworen habe. Wenn der Herr
Prüfer den von ihm ſo ſehr gelobten P. Calmet, da er von
der Hexe zu Endor redet, x) geleſen hätte, ſo würde er eines
Beſſeren unterrichtet worden ſeyn. Der berühmte Euſebius
hätte ihn ebenfalls beſſer belehren können, denn er ſaget: y)
Die Zauberer waren Menſchen von den böſeſten
Sit-

In dem alten Bunde fin-
det man kei-
ne Stelle ei-
ner wirklichen
Zauberey.

x) Diſſert. Tom. 1. pag. 634.
y) Demonſt. evangel. c. 1.

Sitten : sie thaten alles aus einer schändlichen
und niederträchtigen Geldbegierde, und aus Abse-
hen die einfältigen Weiber zu betrügen, und an sich
zu ziehen. Und weiters z) lehret er, daß derjenige, so es genau untersuchen würde, finden könne,
daß es lauter Betrug, Irrthum, falsche Kunst-
grife, und blendende Arglistigkeit dererjenigen
gewesen sey, die der Zauberey oblagen.

XIII.

Jetzt brüstet sich der Herr Gegner, und will in meinen akademischen Sätzen einen Widerspruch ergrübeln: da er
Cod. §.4.also schreibet: Diese Geschichten göttlicher Schrift
müssen unsern Verfasser nicht verborgen gewesen seyn,
weil er auf dem zehenden Blat also redet: daß durch
die Ankunft des Weltheilands dem Satan, der nun-
mehr unmächtig in dem Kerker sitzet, die Gewalt der
Hexerey und Zauberey Hilfe zu leisten, und das menschliche Geschlecht mit Wundern zu äffen, benommen sey.
Mithin lasset er zu, daß es doch vor der Ankunft un-
seres Erlösers Zauberwerke gegeben habe, wie aber dieses mit seinen ersten Sätzen zusammen hange, in welchen er die Hex- und Zauberkunst ohne Unterschied ein
eitel und nichtiges Ding, ja eine thörichte Einbildungskraft verrückter Köpfe nennet. Dieses lasse ich jenen zu
B 2 beur-

---

z) Praeparat. L. 4. c. 1.

beurtheilen über, die eine gesunde und feine Vernunftslehre besitzen. Ich glaube nicht mein Herr! daß ein vernünftiger Leser zu 'finden seyn werde, der nicht einen ordentlichen Zusammenhang in meinem System entdecken sollte.

die Rede ist nur von der wirkenden und thätigen Hexerey. Vielleicht sind sie der einzige. Wir reden ja von der wirkenden und thätigen Hexerey und Zauberkunst, daß sie
ein nichtiges Ding sey, und nur in der thörichten Einbildungskraft verrückter Köpfe bestehe. Sie haben zwar die Wirklichkeit
der Zauberey sowohl aus der Geschichte der ägyptischen Zauberer
als der Hexe zu Endor erproben wollen; aber ich habe ihnen bewiesen, daß jene in eitelm Blendwerke, diese aber
in Betrug bestund. Es bleibt also mein zehender
Satz fest gegründet: daß aber vor der Ankunft des
Weltheilands der Satan die Gewalt gehabt habe, das
menschliche Geschlecht durch zauberisches Blendwerk (wohl
gemerkt; nicht durch wirkliche Zauberey) zu plagen, das ist
aus dreyen Ursachen geschehen, wie der heilige Augustinus
lehret, a) nämlich entweder um die Ungläubigen, wie
die Aegyptier waren, zu betriegen, oder zur
Warnung der Gläubigen, damit sie derley Werke
für nichts Großes achteten und verlangeten, oder
zur Prüfung und Offenbarung der Tugend der
Gerechten, wie in dem Job zu sehen; nichts de-
stominder ist nach der Ankunft desselben dem ge-
bundenen Satan die Gewalt benommen. Sie
werden mit dieser Antwort destomehr zufrieden seyn, weil ich
ihnen

---

a) L. 3. de Trinit. c. 7.

ihnen einen heiligen Vater vor die Augen lege, den ſie allein geleſen zu haben ſcheinen.

XIV.

Wäre der Herr Prüfer von dem Vorurtheile und der
Sophyſterey nicht verblendet, ſo würde er den angezogenen
Stellen aus der heil. Schrift und den Kirchenvätern nicht einen ſo elenden Zwang gegeben, und ſeine Zuflucht bey
Wortſpielereyen geſucht haben, wie wir §. 5 und 6
wahrnehmen. Er würde ganz klar gefunden haben, daß
nach der gnadenvollen Ankunft des Weltheilandes dem Satan alle Gewalt benommen ſey, den Hexen und Zauberern
beyzuſtehen, und die Menſchen mit Wundern zu äffen. Er
würde aus der heiligen Schrift ſowohl als aus den heiligen
Vätern und Kirchenlehrern belehrt worden ſeyn, daß die
Zauberkunſt und Hexerey völlig zernichtet, ja daß der Teufel
heutiges Tages auch nicht ein Scheinwunder zu wirken fähig ſey. Ich beweiſe es.

XV.

Die Propheten des alten Geſetzes, da ſie von der
Ankunft des Meßias ſprachen, ſagten voraus, daß er dem Sa-
tan die Kraft benehmen werde, und zwar beſonders durch
Zauberey und Scheinwunder die Menſchen zu verführen.
Ich werde von deiner Hande, ſagte GOtt durch den
Mund des Propheten Michäas, b) die Zauberey hin-
wegnehmen, und die Wahrſagungen werden auf-
hören.

Sowohl aus
heil. Schrift,

B 3

b) c. 5. v. 11.
Auferam maleficia de manu tua , & diuinationes non erunt in te.

hören. Imgleichen weissaget der Prophet Isaias, c)
daß der ankommende Meßias die Zeichen der
Zauberer vereiteln, und die Wahrsager zu-
schanden machen werde.

XVI.

Johannes der heilige Apostel und Evangelist schreibet also in seinen Offenbarungen. d) Ich habe einen Engel von dem Himmel steigen gesehen, der den
Schlüßel zu dem Abgrunde, und eine große Kette
in seinen Händen hatte. Er hat den Drachen,
die alte Schlange ergrifen, welche der Teufel und
Satan ist, und hat ihn auf tausend Jahre ange-
feßelt. Daß tausend Jahre nach der Mundarte der heil.
Schrift eine zwar lange, aber unbestimmte Zeit anzeigen,
braucht nicht erwiesen zu werden, weil solches allen Gelehrten bekannt ist: und daß dieser Ausdruck von tausend Jahren nicht buchstäblich müsse genommen werden, können wir
aus den fernern Worten dieses großen Propheten des neuen
Bundes abnehmen, da er hernach schreibet, e) daß, nachdem

---

c) C. 44. v. 25.
  Irrita faciens signa divinorum, et Ariolos in furorem vertens.
d) Et vidi angelum descendentem de coelo, habentem clauem
  abyssi, et catenam magnam in manu sua, et apprehendit dra-
  conem serpentem antiquum, qui est diabolus, et satanas,
  et ligauit eum per annos mille.
e) Et cum consummati fuerint mille anni, soluetur satanas de
  carcere suo.

dem die taufend Jahre werden verfloffen feyn,
werde diefer Drach, der Satan aus feinem Ker=
ker wiederum loßgelaffen werden, nämlich zu Zei=
ten des Antichrifts, wie die heiligen Väter diefe Stelle ein=
ftimmig auslegen.

XVII.

Tertullianus f) faget alfo : Wir wiffen die ge=
naue Verbindung der Zauberey mit der Stern=
fagerey. Diefe Wiffenfchaft war bis zu der Ver=
kündigung des Evangeliums erlaubet, aber nach=
dem Chriftus ift gebohren, follte Niemand mehr
aus dem Himmel und den Sternen die Geburt eines als aus den
Menfchen auslegen ... alfo follte auch die andere heil. Vätern wird bewie=
Art der Zauberey, die die Wunder zu wirken, fen,
ja die Wunderwerke des Moyfes nachzuahmen
fich rühmete, nicht länger als bis zu der Ver=
kündigung des Evangeliums geduldet werden.

XVIII.

f) L. de Idol. c. 9. Edit. Paris. anno 1658. pag. 159.
Scimus magiae & aftrologiae inter fe focietatem ... At enim
fcientia ifta vsque ad euangelium fuit conceffa, vt Chrifto
edito nemo exinde natiuitatem alicuius de coelo interpre-
tetur ... Sic et alia fpecies magiae, quae miraculis opera-
tur etiam aduerfus Moyfen aemulata, patientiam Dei traxit
ad euangelium vsque.

XVIII.

Origenes in dem Buche gegen den Celſus lehret, g) daß ſo bald die göttliche ſtärkere Macht ſich auf der Erde habe ſpüren laſſen, die Macht der Teuſel, die das göttliche Licht nicht mehr anſchauen konnten, zerſtöret worden ſey ... ja die Teuſel ſeyen wegen dieſer Urſache kraftlos und ohnmächtig geworden.

XIX.

Der H. Ambroſius ſaget mit wenigen aber nachdrücklichen Worten: h) der Zauberer merket , daß ſeine Künſte aufhören , und du merkeſt noch nicht, daß deine Gaben angekommen.

XX.

Der H. Hieronymus redet alſo: i) daß man bey der Ankunft des Weltheylands die Weiſſagungen, und

---

g) L. 1. Sigismundo Gelenio interprete.

Quodſi diuinior illa vis ſuperueniat, deſtruuntur operationes daemonum non valentium obtueri lucem dininam ... daemones ea de cauſſa obtorpuiſſe.

h) Magus ergo intelligit ſuas ceſſare artes, tu non intelligis tua dona veniſſe.

i) In Iſa. L. 7. c. 19. Edit. Paris. 1743. pag. 78.

Ita, vt dininationes et vniuerſa fraus idololatriae, quae de-

und allen zauberiſchen Betrug der Abgötterey,
mit der die Welt ſo lang aufgenarret worden,
auf einmal zerſtöret geſehen, alſo zwar, daß die
Weiſen aus Morgenland, die entweders von den
böſen Geiſtern, oder aus der Weiſſagung des
Propheten Balaam belehrt worden, daß der
Sohn GOttes gebohren ſey, das Kind, als
welches alle Gewalt ihrer Kunſt entkräftet hatte,
zu Bethlehem geſucht, und, vom Sterne geleitet,
angebethet haben.

XXI.

Theophilus von Alexandria ſchreibet in einem Briefe
an die Biſchöfe von Aegypten, k) Chriſtus habe durch
ſeine Ankunft alles Blendwerk der Zauberey zernichtet: und wiederum, indem durch die Majeſ-
ſtät Chriſti die Abgötterey zernichtet worden, ſey
      C   eis

---

ceptum poſſidebat orbem, ſe fractam eſſe ſentiret. In tantum,
vt Magi de oriente docti a daemonibus vel iuxta prophe-
riam Balaam intelligentes natum filium Dei, qui omnem eo-
rum deſtruxerat poteſtatem, venerint Bethlehem, et oſten-
dente ſtella adorauerint puerum.

k) Epiſt. paſch. 2. ad Epiſc. Ægypt. in Bibl. max. vet. PP. pag. 853.
Chriſtus magorum praeſtigias ſuo deleuit aduentu . . . cum
autem idololatria Chriſti maieſtate deleta ſit, indicat et paren-
tem ſuam artem magicam ſecum pariter diſſolutam.

eine richtige Folge, daß auch die Zauberkunst, die
eine Mutter des Heydenthums gewesen, zertren=
net worden sey. Der lateinische Text, wie ihn der H.
Hieronymus übersetzet hat, saget : quod fuerit *dissoluta*,
daß nämlich die Zauberey zertrennet worden sey,
und nicht *destructa* oder zerstöret. Folglich ist diese Wort=
fechterey sehr übel angebracht.

X.XII.

Der gelehrte Benedictus Pererius, 1) nachdem er
die H. Väter nach der Menge angeführet, schließet also:
So bald die Lehre des Evangeliums ist ausge=
breitet worden, ist zugleich alle Zauberkraft, Ab=
götterey, und alle Gewalt des teuflischen Be=
trugs gefallen, gebrochen und verschwunden,
concidit, defecit, euanuit.

XXIII.

Warum haben sie dann nicht auch den Text des H.
Ignatius des Martyrers in einen andern Model gegossen,
damit er in ihren Kram taugete? wie haben sie aber selben
auf die Bahne bringen können, da er ihrem System schnur=
gerade zuwider ist? Denn da der Heilige von der Geburt des
Weltheilands redet, läßt er sich diese Worte entfallen: m)

Da=

---

1) L. 1. c. 13. de magia.
m) Epist. ad Ephes. n. 19.
Hinc omnis magia in nihilum redacta, omne vinculum mali-
tiae dissoluturum ignorantia abolita, et antiquum euersum regnum.

Daher iſt alle Zauberey zernichtet, alle Zauber-
bánde der Bosheit ſind aufgelóſet, die Unwiſſenheit
aufgehoben, und das alte Reich zerſtóret worden.
Da uns alſo GOtt durch ſeine Propheten lehret, Daß
die Zauberey durch den Meßias hinweg genommen und vereitelt worden : daß der Satan
in der Hólle angefeſſelt ſey, da die H. Váter und
Kirchenlehrer ausdrücklich vertheidigen, daß nach der Ankunft des Weltheilands alle Zauberkunſt vereitelt, zerſtóret, zertrennet, entkráftet und zernichtet wor- *daß der Welt-
den ſeyen, ja daß die Zauberwerke nur bis zur Verkün- heiland die
digung des Evangeliums gedauert haben: können wir nicht Zauberey zer-
mit gutem Grunde, und ächter Urtheilungskraft behaupten, nichtet habe.
daß die Zauberkunſt heutiges Tages ein nichtig, unthátiges
und Wirkungsloſes Ding ſey?

XXIV.

Die Erfahrniß lehret uns auch erſtens: daß der Satan mit ſeinen Verſuchungen das menſchliche Geſchlecht im-
merfort plage, zweytens : daß dem Teufel die Gewalt nicht
benommen ſey, aus verborgenen Verhángniſſen GOttes in dem
Leibe eines Menſchen Beſiz zu nehmen, drittens: daß noch
ein ſehr großer Theil unſers Weltkreiſes dem blinden Hey-
denthume anhange. Daß es aber eine wahre und wirkliche
Zauberkunſt, oder eine thátige Hexerey gebe, kann Niemand
beweiſen, wie wir weiters ſehen werden. Es lehret uns alſo die Erfahrniß, daß der Satan der vierten Gewalt ent-

ſetzet

ſetʒet ſep, nåmlich das menſchliche Geſchlẹcht mit Wundern
zu åffen, und den Gelüſten und ſchåndlichen Thaten der Zau=
berer und Heren bepzuſtehen.

XXV.

Von dem alten Geſetʒe ſchreitet unſer Zauberepkra=
mer §. 7. zu dem neuen; und der weltberufene Simon Ma=
gus muß ihm ein unfehlbater und unumſtößlicher Beweis
ſepn, daß die H. Schrift wirklich und wahrhaft eine teufli=
ſche Zauberep aufzuweiſen habe. Wåre die angeführte Ge=
ſchichte ſo richtig und ungezweifelt, wie viele, und unter an=

DieGeſchich= dern der Cardinal Orſi n) glauben, ſo müßten wir uns
te Simons ihrem Schluße vollkommen unterwerfen; da wir aber an ſol=
des Zauberers cher nicht nur zu zweifeln, ſondern ſie mit eben dem Rechte
iſt fabelhaft. zu låugnen, mit welchem es die andern bejahen, Urſache ha=
ben, ſo wollen wir unſere Gedanken darüber eröffnen.

XXVI.

Wir finden in der heiligen Schrift nicht das minde=
ſte Zeugniß von einem wirklichen Zauberwerke dieſes Si=
mons; wohl aber finden wir ausdrücklich, daß ſeine Zau=
berep ein lauterer Betrug war. **Es war in der Stadt,**
ſind die Worte der heiligen Schrift, o) **ein Zauberer,**
der das Volk von Samaria verführete: er ſagte
von ſich, er ſep was Großes. Die göttliche Schrift
ſaget nicht, daß er wirklich durch große Dinge ſich einen
großen

---

n) Della Iſtor. eccleſ. T. 1. l. 2. p. 308.
o) Act. 8. v. 9.

großen Namen erworben, oder daß er mit Beyhilfe des Satans große Wunder gewirket, sondern daß er sich großer
Dinge gerühmet, wie solches allen Betrügern und vorgeblichen Zauberern eigen ist. Der heilige Text fahret zu erzeh-
len fort, daß diesem sogenannten Zauberer eine Menge
Volkes zugelaufen, seinen Gauckelwerken zugesehen, und ge-
sagt habe, das ist die Kraft GOttes, welche groß
genannt wird. Der abergläubische Pöbel, der ohnedas
leicht zu verführen, und zu selbiger Zeit heydnisch war, glaubte, daß in den Gauckelwerken und Taschenspielereyen des
Zauberers etwas Uebernatürliches verborgen liege, das doch
nicht so war, wie Origenes mit diesen Worten bezeuget: p)
Es ist offenbar, daß in ihm nichts wunderbares
gewesen sey; Origenes ist aber unserm gelehrten
Gegner unbekannt. Der Text fahret fort, und saget: p)
Sie merkten auf ihn, weil er durch seine Zauberey sie lange Zeit aufgenarret hatte. Wohl gemerket,
aufgenarret: weil die Werke des Zauberers nur Blendwerke, Betrügereyen und Dinge eines wohl erfahrnen Ta-
schenspielers, oder Charletans waren. Bey unserm Gegner
heißet zwar das Wort aufnarren, seltene und unerforsch-
liche Wunder wirken §.7. Ich verwundere mich nicht darüber; denn die Hexen und Zauberer haben ihn selbst zu sehr
aufgenarret.

C 3   XXVII.

---

p) L. 1. contra Celsum n. 57.
q) V. 11.

XXVII.

Wir wollen weiters betrachten, ob die weltberühm-
te Geschichte, daß nämlich Simon von einer offentlichen
Bühne sich gegen dem Himmel geschwungen, und durch die
Kraft des Gebethes des heiligen Petrus herabgestürzet
worden, wahr sey. Die Geschichten der Apostel, allwo die
herrlichen Thaten des heiligen Petrus aufgezeichnet sind, mel-
den davon kein Wort. In den ersten zweyhundert Jahren
nach Christi Geburt wird von keinem einzigen heiligen Vater dieser Geschichte nur mit einem Worte gedacht. r) Sollte aber dieser herrliche Sieg vom Petrus dem Fürsten der
Apostel in der Hauptstadt Rom, in dem Angesichte des Ra-
thes und ganzen Volkes geschehen seyn, würde es der heil.
Lucas in seinen Geschichten der Aposteln nicht aufgezeichnet
haben? würden die ersten Väter der Kirche sich desselben
gegen die Heyden zu bedienen versäumet haben? da aber sowohl die Geschichten der Apostel als diejenigen Väter, die
diesen Zeiten näher waren, hievon schweigen, wie kann
man uns aufbürden dieser Geschichte zu glauben.

XXVIII.

Wir wollen noch eine andere Anmerkung aus der
Zeitrechnung beyfügen, die diese Geschichte untergräbt: viele
H. Väter sind der Meynung, Simon sey in dem Fluge von
dem H. Petrus in dem zweyten Jahre des Kaisers Claudius
ge-

---

r) Doctissimus Caue in S. Petr. n. 8. dicit: certissimum argumen-
tum, nondum natam esse hanc fabulam, cuius primus, quod
sciam, ineunte sæculo IV meminit Arnobius.

geſtürzet worden: andere ſetzen dieſe Geſchichte in die Zeiten
des Kaiſers Nero, und zwar in das zwölfte oder dreyze-
hende Jahr ſeiner Regierung. Wem iſt aber unbekannt,
daß von dem zweyten Jahre des Claudius bis zu dem dreyzehenden des Nero ein Zwiſchenraum von zwanzig Jahren
ſey? Iſt nicht dieſer einzige Widerſpruch der Geſchichtſchreiber hinlänglich, die ganze Geſchichte verdächtig zu machen?

XXIX.

Unſer Herr Gegner bauet vieles auf die Erzehlung
des Cardinals Orſi; woher hat aber dieſer Autor ſeine Geſchichte von dem Fluge Simons des Zauberers gezogen? Aus
den apoſtoliſchen Verordnungen, wie jener ſelbſt eingeſtehet.
Nun bekennen die heutigen Gelehrten und Kunſtrichter, daß
die ſogenannten apoſtoliſchen Verodnungen, welche dem heiligen Papſte Clemens ſehr unbillich zugeeignet worden, mit
vielen Fabeln angefüllet, und ein unterſchobenes Werk ſeyen.
s) Wer will alſo aus einem ſo trüben Brunnen helles Waſſer ſchöpfen?

XXX.

Das Zeugniß des Suetonius hat einen ſo ſeichten
Grund wie das ganze Lehrgebäude des Herrn Liebhabers der
Wahrheit; gleich in dem erſten Schwunge, ſaget dieſer Geſchichtſchreiber, ſey er zu den Füßen des Nero geſtürzet. Und dieſes iſt alſo geſchehen, wie in den apoſtoliſchen
Verordnungen geleſen wird: der Zauberer verlangte, daß
man

---

s) Vid. Caſtel controuers. Eccleſiaſt. hiſt. controvers. 11. pag. 86.

r

man ihm auf dem Plaze zu Rom Campus Martius einen
hölzernen Thurm erbauen soll, er wolle denselben besteigen,
und seinen Engeln befehlen, daß sie ihn gegen den Himmel
trügen: der unglückliche Icarus aber ist nach Zeugniße des
Suetonius in dem ersten Schwunge zu Boden gestürzet:
fürwahr eine künstliche Zauberey! Nero selbst hat nach allen seinen Bemühungen die Zauberkunst wirkungslos und
eitel befunden, und deßwegen derselben abgesagt, wie
Plinius schreibet t).

XXXI.

Der heilige Kirchenvater Augustinus saget zwar,
v) daß der H. Petrus durch eine göttliche Gewalt
Simon den Zauberer zernichtet habe. Er redet
aber weder von dem Fluge gegen Himmel, noch von dem
Sturze aus den Wolken: ja im Gegentheile gestehet er an
einem andern Orte, x) daß viele Römer diese Erzehlung für eine Fabel hielten. Der H. Epiphanius
y) redet eben also, wie die heilige Schrift, daß nämlich
Simon mit seinen Zauberpossen und Gauckeleyen die Leute
aufgenarret habe. Der hocherleuchte Prüfer wird ja nicht
wiederum die Gauckelspiele und Zaubereyen in einen Topf werfen. Es deucht uns also, daß wir bishero klar erwiesen haben, daß weder aus der H. Schrift, weder aus der Geschichte

---

t) L. 30. c. 2.
v) L. de Haeres. n. 1.
x) Epist. 86.
y) Haeres. 21.

ſchichte des Cardinals Orſi, weder aus dem Suetonius, weder aus den heiligen Vätern Auguſtinus und Epiphanius
könne dargethan und erhärtet werden, daß Simon der Zauberer durch die Luft geflogen, und von dem heiligen Apoſtel
Petrus herabgeſtürzet worden ſey, ſondern vielmehr, daß wir
dieſe Geſchichte aus den angeführten Gründen mit Honorius
a St. Maria, Valeſius, Rigaltius, Petavius Pagi, Mabilo-
nius und andern gelehrten Männern, die bey dem P. Calmet
in ſeiner Abhandlung von dem Zauberer Simon zu finden
ſind, unter die apocryphiſchen Erzehlungen verſetzen können.

XXXII.

Sie ziehen § 8 wiederum mit zween Betrügern zu
Felde, nämlich mit dem Elymas und Marcus. Wir geben
ihnen ja einmal für allzeit zu, daß dieſe zween **Erzbetrüger,**
wie ſie die heilige Schrift nennet, der Zauberkunſt ergeben
geweſen ſeyen, ſo wie wir zulaſſen, daß viele abergläubiſchen Dinge von Hexen und Schwarzkünſtlern auch heute
noch gebraucht werden. Hievon iſt aber die Frage nicht;
ſondern unſer Gegner muß uns Zeugniſſe beybringen, daß
die angeblichen Zauberer wahre und wirkliche Wunder durch
den Beyſtand des Satans gewirket haben. Von einer
thätigen und wirkenden Zauberkunſt redet die heilige Schrift
kein Wort. Bevor ſie alſo die Feder angeſetzet hätten, wider mich zu ſchreiben, wäre ihnen gut angeſtanden, in die
Schule der Vernunftlehre zu gehen um den Grundſatz, wo-
von man redet, zu verſtehen.

Elymas und Marcus wa-ren Betrüger.

D   XXXIII.

XXXIII.

Von der - heiligen Schrift kommen sie zu den heiligen Vätern: und zwo Stellen aus dem heiligen Augustinus und heiligen Thomas von Aquin sind ihnen genug, meine Verneinung der wirkend - und thätigen Hexerey und Zauberkunst über den Haufen zu werfen. Was sagen sie aber, wenn ich ihnen über diejenigen, die n. XVII bis XXII angeführt worden sind, noch 19 andre heiligen Väter auf die Bahne bringe, die alle ausdrücklich behaupten, daß die Zauberkunst und Hexerey ein eitels und betrügerisches Blendwerk ohne alle wirkend - und thätige Kraft sey? wenn ich alle nach der Reihe anziehen wollte, würde es gewiß dem Leser überlästig fallen; ich will ihn dahero zu dem um die gelehrte Welt so wohlverdienten Greisen dem Scipio Maffei schicken, z) der Glauben und Trauen genug verdienet, und will nur aus seinem Buche den einzigen heiligen Cyprianus, der doch vor seiner Bekehrung selbst für einen Zauberer gehalten wurde, anziehen: er giebt uns mit wenigen Worten zu verstehen, was er von der Zauberkunst halte, da er also saget: a) der Grund aller dieser Zauberey ist die Wahrsagerey, sie betrüget, verdunkelt die Wahrheit, und führet mit Blendwerken den thörichten und leichtgläubigen Pöbel an. Was der heilige

Au-

[Marginalie:] Die heiligen Väter behaupten, daß die Zauberkunst und Hexerey eitel u. nichtig seyen.

z) Arte magica annihil. l. 3. c. 6. et 7.

a) De idol. vanit.

Horum autem omnium ratio (divinatio) est illa, quae fallit et decipit, et praestigiis coecantibus veritatem stultum et credulum vulgus inducit.

Auguſtinus von der Zauberey gehalten habe, werden wir an
einem andern Orte ſehen. Haben alſo die heiligen Väter
ohne Unterſchied alle Hex- und Zauberkunſt eine Thorheit, Betrügerey, und deren Werke Gauckel-Dicht-
und Blendwerke genannt, wie ſie ſelbſt § 6 aufrichtig
eingeſtehen, ſo ſage ich mit Grunde der Wahrheit, daß der
Satz, welcher behauptet, es gebe noch heute eine wirklich-
und thätige Zauberkunſt, wider die allgemeine Erblehre der
Väter ſey.

XXXIV.

Wollen ſie aber kräftig hierauf beharren, daß der
heilige Thomas von Aquin von wahren Zauberkünſten rede,
ſo antworte ich ihnen mit dem heiligen Vincentius Lirinen-
ſis : b) Man ſoll wiſſen, daß man jenes ohne allen
Zweifel glauben müſſe, was man erkannt, daß
es nicht nur einer oder zween, ſondern alle heiligen
Väter zugleich, und zwar in einem und eben-
demſelben Verſtande klar, öfters und beſtändig
gelehret, geſchrieben, und davorgehalten haben.

*Ein und an-
derer H. Va-
ter macht kei-
nen Glau-
bensſatz.*

XXXV.

Es ſcheinet, unſer Gegner habe dieſe Regel nicht vor
Augen gehabt, weil er in ſeinem ganzen grundloſen Urtheile
nur einen oder zween heilige Väter anziehet, und daraus eine
allgemeine Folge machet, daß es ein Merkmaal eines Unglau-
bigen oder Vermeſſenen ſey, gegen die ausdrücklichen Zeug-

D 2   niſſe

b) Comment. aduerſus haeres. c. 4.

niffe der H. Väter die Zauberey in Zweifel zu ziehen, oder
gar zu läugnen. Wir wollen zugeben, daß man in eini=
gen Schriften der H. Väter, Stellen antreffe, welche die
Wirklichkeit der Zauberey anzunehmen scheinen, muß man
aber darum gleich alles den Leuten für Glaubenswahrheiten
aufbringen, was man in einem H. Vater lieset? oder muß
man jenen für einen Ketzer verschreyen, der das nicht leicht
zugiebt, was ein H. Vater in einer oder der anderen Stelle
anführet? Wer hat diesen Satz gebilliget? Wer hat ihn an=
zunehmen befohlen? Die Zeugnisse der Väter müssen einstim=
mig seyn, wenn wir sie als Glaubenssätze annehmen sollen.
Der P. Delrio, und die von dem Herrn Gegner § 19 an=
gezogenen P. Calmet und P. Concina sind noch lange nicht
in der Kirche GOttes also Canoniziert, daß wir uns wegen
ihrer Aussprüche was zu fürchten hätten, wie wir an seinem
Orte weiters erklären werden.

XXXVI.

Da der Herr Gegner vielleicht selbst die Schwäche
seiner angezogenen Beweisthümer aus der H. Schrift und den
H. Vätern eingesehen hat, indem er kein einziges wahres
Ob es in Beyspiel einer wirkenden Zauberkunst und Hexerey aus die=
der Luft böse sen Stellen beybringen konnte, so machet er § 10 den lächer=
Geister gebe. lichen Sprung zu den Teufeln selbst, von denen er glaubt,
daß sie gleich den Vögeln in der Luft herumfliegen.
Ich will ihnen diesen Satz bedingnißweise zugeben, ob=
wohl er von vielen Gottesgelehrten und Weltweisen geläug=

net

net wird, c) und wir n. XVI gehöret haben, daß der Satan an einer feurigen Kette in der Hölle angebunden ist.
Sie werden ja daraus nicht folgeren, daß auch die Hexen
und Zauberer mit den Teufeln in der Luft herumschwärmen?
Es scheinet mir vielmehr, daß ihnen das Hexensystem den
Kopf verrücket habe. Wir lassen ja zu, daß es Teufel gebe n. XXIV. Wir lassen auch zu, daß wir von ihnen an-
gefochten, zum Falle gereizet, und geplaget werden; den Satz
aber, daß uns die Hexen oder Zauberer den mindesten Schaden zuzufügen vermögen, können wir nicht zulassen.

XXXVII.

   Wem ist unbekannt, daß die allgemeine Kirche unsere vorsichtige Mutter, gleich von Zeiten der Apostel an, ihren glaubigen Kindern in allen ihren Nöthen und Angelegenheiten bewährte Mittel vorgeschrieben, angewandt und gebraucht habe? Wem ist unbewußt, daß sie für alle Zufälle, *Von der*
Angelegenheiten, und Unglücksfälle Gebethe vorgeschrieben, *allgemeinen Kirche wird*
die wir theils in den von der Kirche gutgeheissenen Meßbü- *uns kein Ge-*
chern, und Ritualen finden; d) aber wo wird unter diesen *beth wider die Zauberey und*
allen ein einziges Gebeth gegen die Zauberer, Hexen, und *Hexerey vor-*
ihre Teufelskünste angetroffen? Wir finden Gebethe gegen *geschrieben.*
die üble und schadhafte Witterung, aber wo wird darinn einer

                D 3   Zau-

c) Wie der gelehrte P. Athanasius Cavalli in seiner Abhandlung von
   den Wirkungen der Geister behauptet, und die Stellen des H.
   Paulus und der H. Väter ausleget § 3.

d) Welche Pomelius, Rocca, Merarbus, Bianchini, Muratori, wie auch
   der Carbinal Bona, und der ven. Card. Thomasius aus dem Thea-
   tinerorden, der Welt mitgetheilt haben.

Zauberey gedacht, daß jene von dieſer erreget werde? Gebethe gegen die Verſuchungen und Anfälle des Satans,
aber wo gegen ſeine Bundsgenoſſenen? Gebethe um eine be-
glückte und geſegnete Ehe, aber wo für eine Bewahrung
gegen Hexen und Zauberer? Die Kirche ſegnet das heilige
Weyhwaſſer und beſprenget mit ſelbem die Häuſer der Glaubigen um von ſelben die böſen Geiſter, und den unreinen
Satan zuvertreiben, aber wo gedenket ſie in ihren Segnungen und Gebethen der Zauberer oder Hexen und ihrer Bind-
niſſe mit dem Teufel? Es ſind uns noch andere Gebethe
von der NB. allgemeinen Kirche vorgeſchrieben, aber auch
in dieſen finde ich kein einziges wider das Zauber-und He-
rengeſchwader. Wer ſollte alſo glauben, daß unter ſo unzähligen von der Kirche vorgeſchriebenen und an die Hand
gegebenen Gebethen e) nicht ein einziges gegen die Hexerey
und Zauberey ſollte gefunden werden, wenn ſie jemal geglaubet hätte, daß die Zauberer und Hexen einen Schaden zufügen könnten?

XXXVIII.

Der Liebhaber der Wahrheit ſchmeichelt ſich zwar aus
dem von der römiſchen Kirche herausgegebenen Rituale Gebethe
wider die Hexen und Zauberer anzutreffen; aber ich will ſonnenklar beweiſen, daß er ein Liebhaber der Unwahrheit ſey.
Er ſagt § 10: Wir finden Gebether gegen die üble und
ſchadhafte Witterung, wider gefährliche Donner und
Hagelwetter, und in ſelben ausdrücklich die Worte:

vt

---

e) Daß ich nur von den Gebethen, die von der allgemeinen Kirche vorgeſchrieben ſind, allein rede, erweiſet meine akademiſche Rede pag. 14.

ut Spirituales repellantur nequitia, ut aereas conteras poteſtates:
daß der allmächtige GOtt die geiſtlichen Bosheiten
f) und Mächte, die in der Luft herum ſchweifen, zu-
ruchtreiben, und zernichten möchte. Ich habe in unſerer
großen und koſtbaren Bibliotheck verſchiedene römiſche Rituale durchblättert, aber in keinem habe ich dieſes Gebeth an-
treffen können; wohl aber leſe ich in dem allerneueſten, ſo
von dem glorwürdigſten Papſte Benedictus dem XIV ſelbſt
verfertiget, und von dem gelehrten Joſeph Catalanus mit Anmerkungen geziert worden, alſo: g) *A domo tua, quaeſumus
Domine, ſpirituales nequitiae repellantur, et aerearum diſcedat ma-
lignitas tempeſtatum.* Wir bitten dich o Herr, daß du von
deinem Hauſe die geiſtigen Liſtigkeiten zurück treiben
wolleſt, und daß von uns aller Schade des elementari-
ſchen Ungewitters abweiche. Eben dieſe Worte finde
ich in dem römiſchen Rituale, ſo zu Venedig im Jahre
1660 iſt gedruckt worden. h) Wiegut iſt es, daß der ſchöne
Liebhaber der Wahrheit ſeinen Namen der Schrift nicht bey-
geſetzt hat, ſonſt wäre es um ſeine Ehre gethan.

<h3 style="text-align:right">XXXIX.</h3>

---

f) Der Herr Prüfer hat ſich mit dieſer Ueberſetzung einem ſolchen
  Hohngelächter ausgeſetzt, daß er ſich gewiß ſchämen muß. Er wollte
  vielleicht ſagen: die geiſtigen Liſtigkeiten.

g) Tom. 2 edit. Patau. anno 1760 pag. 235 c. 8. preces ad
  repellendam tempeſtatem.

h) Pag. 234.
  Ich finde zwar in dieſem Rituale eine Zugabe von einer langen
  Beſchwörung des Ungewitters, die von dem P. Locatello zuſammge-
  tragen iſt; allein ſie iſt durch die Kirche GOttes keineswegs vorgeſchrieben oder verordnet.

XXXIX.

Die Weyhungsformul des Waſſers der heiligen drey
Könige iſt ein Gebrauch vieler einzelnen Kirchen. In dem römiſchen Rituale aber iſt ſie nicht anzutrefen, gleichwie in demſelben keine Rubrik oder Auffſchrift de benedictione coniugum
mit der Formul: vt eos ab omni ligamento, faſcinatione, ma-
leficio ſatanae, faecunditatem et ſalutarem ſobolis propaga-
tionem eis impertiendo, tua pietate liberare digneris, zu
finden iſt. Der Herr Gegner, wenn er meine akademiſche
Rede mit Bedacht geleſen hätte, würde gefunden haben,
daß ich mich pag. 14 in derſelben nur auf die Gebethe
berufen habe, die von der allgemeinen Kirche uns an
die Hand gegeben worden ſind; warum ſchweifet er
dann alſo aus? Es wäre ja lächerlich, wenn ich folgerte: in
Deutſchlande iſt der Gebrauch am Freytage und Samſtage
vom Butter und Käſe zu eſſen; alſo iſt der Gebrauch in allen
Ländern allgemein.

Das römiſche Ritual redet v. keiner Zauberkunſt.

XL.

Ich hätte bey nahe vergeſſen noch eine Anmerkung über
ihre letzten Worte § 10 zu machen. Sie ſprechen alſo:
Wir leſen Gebethe und Cäremonien um den Satan
zu beſchwören, und zum Ausfahren zu bezwingen, und
werden beſonders die Exorciſten ermahnet: ſie ſollen
dem Teufel befehlen anzuſagen, ob er in dieſem Leibe
durch eine Hexerey, durch zauberiſche Werkzeug oder
Zeichen aufgehalten werde? Dieſe Worte ſind nur als
Unterrichtungen und Anmerkungen, bevor die Kirche zu dem

Be-

Beſchwörungen ſchreitet, vorausgeſetzet. i) Der gelehrte
Maffei beantwortet dieſen Einwurf gar weislich, da er
ſaget, k) daß das Weſentliche des Rituals in den
Gebethen und Formuln beſtehe, nicht aber in den
vorausgeſetzten Unterrichtungen. Es iſt auch gar
wahrſcheinlich, wie Ardoinus Dell oſa anmerket, l) daß dieſe Stelle erſt neuerlich von den Herausgebern ſey beygefügt
worden; denn wenn es ein Unterricht der Kirche wäre, würde ſie wohl verſäumet haben eine Beſchwörung beyzuſetzen, ſowohl den Satan zu einem Geſtändniße zu zwingen, als auch
den Beſeſſenen dahin zu vermögen, daß er die eingeſchluckten
Zauberwerke herausgeben müßte? Ja wäre dieſe nicht eine
der erſten Beſchwörungen, ſo fern die Kirche jemal geglaubt
hätte, daß durch Tränke, Speiſen u. ſ. f. ein Zauberwerk
könnte hineingeſchluckt werden? Da aber die allgemeine
Kirche dergleichen weder in ihren Gebethen, noch Beſchwörungen gedenket, iſt es ein offenbares Zeugniß, daß dieſe Lehren und Anmerkungen nicht aus dem Sinne der Kirche, ſondern
von einigen neuern Herausgebern ſeyen eingeſchaltet worden.

XLI.

Jetzt brüſtet ſich unſer Gegner am allermeiſten, und
glaubet, § 11 mich völlig zu Boden gelegt zu haben, indem er als eine unfehlbare Wahrheit behauptet, daß Alexander der *VI*, Adrianus der *VI*, Leo der X, Weber aus
den pärſtli-
chen Bullen,
C   Cle-

---

i) Rituale rom. de exorcizandis obſeſſ. a daem.

k) L. 3, c. 9.

l) L. 2, c. 6. des großen weltbetriegenden Nichts.

Clemens der *VII* , Innocentius der *VIII* , Sixtus der *V* , Gregorius der *V* , und mehrere andern oberſten Kirchenhäupter in verſchiedenen öffentlich heraus gegebenen Bullen die Zauberkunſt überhaupt, und deren weltberufene Werke verdammet, und derſelben Anhänger als die verwegenſten Sünder und größten Uebelthäter mit den ſchwereſten Kirchenſtrafen beleget, und verurtheilet haben. Ich verdenke ſie. keinesweges, beſter Freund! daß ſie auf dieſe verehrungswürdigen Häupter, denen wir alle Ehrfurcht und allen Gehorſam ſchuldig ſind , vieles zählen ; wenn ſie aber nur eine einzige klare und deutliche Stelle aus einer päpſtlichen Bulle uns zeigen, und darthun können , daß ſie die Wirklichkeit der Zauberkunſt vertheidige, ſo ſind wir bereit unſere Meynung zu verändern, und unſere eigne Schrift den Flammen zu übergeben. Ich habe alle dieſe Bullen fleißig und genau durchleſen, aber nirgends finde ich die wirkliche Zauberkunſt oder Hexerey entſchieden. Alles, was ich in den angeregten Bullen finde, ſind billiche Vorwürfe wider die abergläubiſchen Chriſten, und gerechte Beſtrafungen der gottloſen Sünder, welche ſich erfrechen, Beyſtand und Hilfe bey den Teufeln zu ſuchen. Man hat bey dem Richterſtuhle der Kirche Gottes angebracht, daß zauberiſche Unternehmungen im Schwunge giengen : dieſer heilige Richterſtuhl verdammet ſolche Thaten, und beſtrafet deren Anhänger. Aber ob ſie wirklich ſolche Werke üben könnten, oder ob es nur leere und unkräftige Unternehmungen ſeyen, entſcheidet der römiſche Stuhl nirgends. Es iſt wahr, es werden zu Zeiten die angebrachten Werke als wirkliche Wunder angeführet; aber der heilige Vater behaup-

tet dieselben nicht als wahre Geschichten: sondern nach den angebrachten Klagen werden die vorgeblichen Wunder wieder-
holet, verworfen, und mit Strafen beleget. Wir geben
hievon einen klaren Beweis. Die Sterndeuterkunst und ihre Wahrsagung aus der Lage der Sterne werden in päpstlichen Bullen verworfen, verdammet, und bestrafet. Folget
aber nun hieraus, daß der päpstliche Richter solcher Kunst
die mindeste Wirklichkeit, ja nur Wahrscheinlichkeit zueigne,
eingestehe oder behaupte? oder ist nicht der heutigen vernünftigen Welt bekannt genug, daß sie so wenig Wahrheit und
Wirklichkeit in sich begreife als die Hexerey und Zauberkunst?

XLII.

Das zweyte Zeugniß nimmt mein Hexenpatron § eod:
aus den geistlichen Rechten, ex can. *nec mirum.* causa 26. q.
5. c. 14. ead. caus. q. 2. can. *illud* 6. und caus. 33. q. 1. c. 4. *si per
fortiarias.* Aus diesen Stellen machet er den Schluß: Ist
es wohl möglich, daß die Verordnungen der Kirche
und die geistliche Rechte klärer hätten reden können
für die Wirklich-und Thätigkeit heutiger Zauberkunst?
Wie der erste Kanon *nec mirum* zu verstehen sey, saget klar
die Aufschrift: *Quae magorum praestigiis fiunt, non vera, sed
phantastica esse probantur.* Es wird erwiesen, daß jenes,
was durch Blendwerke der Zauberer geschiehet,
nicht Wahrheiten, sondern Phantasien und Einbildungen seyen. Der zweyte Kanon *illud* wird durch
die letzten beygefügten Worte aufgekläret: *Omnes igitur artes
huiusmodi vel nugatoriae vel noxiae superstitionis ex quadam pesti-*

fera

fero societate hominum et daemonum, quasi pacto infidelis et dolosae amicitiae constituto penitus sunt repudianda et fugienda christiano. Daß die Chriſten dieſe fabelhaften oder ſchädlichen abergläubiſchen Dinge, die aus einer verderblichen und betrügeriſchen Freundſchaft der Menſchen und des Teufels herrühren, verwerfen und fliehen ſollen. Ob dieſe zwo kanoniſchen Verordnungen unſerm Gegner den mindeſten Vortheil bringen, überlaſſe ich einem ohne Vorurtheil ſprechenden Richter?

XLIII.

Der dritte angeführte Kanon *Si per sortiarias*, in welchem die durch Unholden oder *maleficas* m) verurſachte Unvermögenheit in dem Eheſtande berühret wird, iſt aus den Verordnungen des rhemenſiſchen Biſchofs Hincmarus gezogen. Daß ſolche Wirkungen kein Werk einer teufliſchen, ſondern natürlichen Zauberkunſt, oder der ungütigen Natur ſeyen, behaupten heut zu Tage die Rechtsgelehrten und Aerzte; n) wir geben zwar zu, daß zu ſelben Zeiten, nämlich im neunten Jahrhunderte dergleichen Wirkungen aus Irrthume des Pöbels einer teufliſchen Kunſt zugeeignet worden; o) daß
sie

---

m) In den alten codicibus lieſet man *artes*, nicht *maleficas.*
    Boehemerus in corp. iuris canon. pag. 990.

n) Der gelehrte Muratori c. 10, della forza della fantasia attribuita alla magia, ſaget, daß ſolche Wirkungen einer epidemiſchen Krankheit der Einbildung zuzuſchreiben ſeyen.

o) Del Rio disquisit. magic. l. 3; part. 1, q. 4. ſchreibet, daß auch zu ſeiner Zeit dieſe Meynung bey dem Pöbel ſo allgemein geweſen
    ſey,

fie es aber wirklich waren, entſcheidet der Kanon keineswegs,
und der rhemenſiſche Biſchof hat nur in ſo weit die geiſtlichen Mittel vorgeſchrieben, in wie ferne dieſe Unvermögenhei-
ten durch Zauberwerke ſollten geſchehen ſeyn. Im Gegentheile kündet der trullaniſche Kirchenrath allen denen einen ſechsjährigen Kirchenbann an, die ſo offen-
baren Falſchheiten, Betrügereyen, Blendwerken
angehangen; und allen denen, die ſich den Namen eines Zauberers, eines Wahrſagers, oder eines Beſitzers ſolcher zauberiſchen Künſte an-
maſſen. p)

XLIV.

Iſt es möglich, ſaget weiter unſer von den Vorurtheilen verblendete Gegner eod. § 11, daß, wenn die
Zauberey nichts als ein Hirngeſpinſt, ein Blendwerk,
ein eitles und leeres Nichts, eine Chimäre, ein Un-
weſen, ein Vorurtheil, ein Einbildung verrückter Köpfe wäre... Daß ſo viele erleuchtete Geſetzgeber, ſo
gerechte als weiſe Richter, die nach der Vorſchrift des
göttlichen Geſetzes gehandelt haben, die Zauberer mit
der Strafe des Tods zu belegen, ja wirklich ihre
Anhänger durch Feuer und Schwert aus der Geſell-
ſchaft der Menſchen zu vertilgen ſich äuſſerſt beſtreben
wurden? Ich will ihnen zeigen, daß ſie ſchon wiederum

ſey, daß in vielen Orten die Leute ſich nicht getrauet öffentlich
zu heurathen.

p) T. 7, cc. p. 1375, can. 61.

einen unrichtigen Satz blindlings für einen wahren halten. Sie
glauben, und halten es ohne die mindeste angestellte Unter-
suchung für eine unfehlbare Wahrheit, daß GOtt der Al-
mächtige q) die Zauberer und Wahrsager wegen ihrer wirklich ausgeübten teuflischen Kunst zu tödten befohlen habe.
Nein, mein Herr! sie irren sich; GOtt hat das Urtheil des
Todes über die Zauberer und Wahrsager gefället, weil sie
sich von dem wahren GOtt abwenden, und bey den falschen
Göttern der Heyden Hilfe und Beystund suchen. Ist
aber solche Abwendung von dem wahren GOtt, und die Zu-
weber aus den wendung zu den Feinden GOttes nicht die größte Beleidi-
göttlichen, gung der göttlichen Majestät? Ist nicht allzeit diese offenbare
Sünde nach allen Gesetzen des Todes schuldig geachtet worden? Wir wissen ferner, daß die Zauberkunst nicht ohne
abergläubische heydnische Gebräuche und Opfer geschehen
sey. Wem ist aber unbekannt, daß solche Abgötterey mit
dem Urtheile des Todes beleget wird? Ich will der übrigen
greulichen Laster, Schandthaten, und dem Nächsten auf
ganz natürliche Weise zugefügten Uebel, die die vorgeblichen
Zauberer ausgeübet haben, nicht gedenken. Wie sollen aber
solche Bosheiten von den Strafen des Todes können frey-
gesprochen werden? Gleichwie also GOtt ohne Verletzung
seiner göttlichen unendlichen Gerechtigkeit die Wahrsager,
und jene, die solche um Rath fragen, mit der Strafe des
Todes beleget, deren Werke doch nichts als Lügen und Betrug nach der göttlichen Schrift sind, r) warum sollen
nicht

q) Exordi 22, v. 18. Leuit. 20, v. 27.
r) Deuteron. c. 18.

nicht auch die Zauberer den Tod verdienen, wenn ihre Kün=
ste gleich nichts als Blendwerke sind.

XLV.

Von den göttlichen schreiten wir mit unserm Gegner
zu den bürgerlichen Strafgesetzen gegen die Zauberey; wir
wollen sehen, ob vielleicht aus selben die Wirklichkeit der Zau=
berey könne erzwungen werden. Die Kaiser Constantius
und Julianus haben gegen die Zauberer die Strafe des
Todes bestimmet. Aber warum? Weil sie von sich selb=
sten rühmen und sich prahlen, daß sie die Menschen
mit Zaubersprüchen tödten, Unglück und Scha=
den denselben zufügen, und die Elemente stören
könnten. s) In dem Buche der Rechte steht auch ge=
schrieben: t) In den Zaubereyen wird der Wille,
oder Conatus, nicht aber die Wirkung, oder der
Ausgang betrachtet. Ferner ist bey den bürgerlichen
Rechten üblich, daß derjenige, der ein gerechtes Gesetz über=
tritt, welches wegen der allgemeinen Gefahre oder wegen des
allgemeinen Nutzens abgefaßt worden, könne gestraft werden.
Also kann ein Wilddieb oder ein Wildprätschütz mit schwerer
Strafe belegt werden, wenn er das Verboth des Fürsten
überschreitet, oder in solchen Handlungen angetroffen wird,
die verrathen, daß er das Geboth des Fürsten habe übertre=
ten wollen.

(Marginalnote: noch bürger=lichen Straf=gesetzen kann die Wirklich=keit der Zau=berkunst erör=tert werden.)

XLVI.

s) Cod. Thepdos. l. 9, t. 18, c. 6.
t) ff. l. 48, t. 8, L. 14.

XLVI.

Wie vielmehr also kann die allen Rechten zuwider
laufende Zauberkunst, wenn sie auch in der That selbst
niemal eine Wirkung zeuget, wie wir unveränderlich behaup-.
ten, mit schwerer Strafe, ja mit dem Tode selbst belegt
werden; da erstlich billig ist, solche abergläubischen Leute als
einen Greuel aus einer wohlgesitteten Christlichen Gemeinde zu
tilgen. Zweytens, weil die Rechte befugt sind, den durch
äußere Zeichen entdeckten Willen dem Nächsten gröblich zu
schaden, oder auch selben zu tödten mit eben derselben Strafe zu züchtigen, welche für die wirkliche Uebelthaten bestimmet ist. Drittens, weil bey der verdammlichen Zauberkunst gemeiniglich die allergreulichsten Laster mit unterlaufen,
wie wir in der Bulle Leo des X, und bey dem Dell Rio, und
Malleo Maleficarum lesen. Es wird also in den bürgerlichen
Gesetzen nicht die Wirkung, die ohnehin von den klugen
Gesetzgebern jederzeit für eitel, und nichtig erkannt worden, sondern die zauberischen Anstalten und Unternehmungen mit dem Tode gestrafet. Auf solche Art und Weise sind
die von dem Herrn Gegner angezogenen Rechte v) und alle
übrigen aus den bürgerlichen Gesetzen zuversteheu.

XLVII.

Unser Herr Gegner fraget eod. § 11 weiter: soll
eine so lange Zeit, als die Blutgesetze gegen die Hexen
und

---

v) L. 3, § adiectio ad l. corneliam ff de sicariis L siquis aliqaid §
abortionis ff de poenis cod. de maleficis et mathemat. l, 6.
cod. bavar. criminal. p. 1, c. 7, § 7.

und Zauberer abgefaſſet, und wirklich an ſo unzähligen
Menſchen in ſo verſchiedenen Reichen und Ländern befolgeret worden, nicht ein einziger vernünftiger Richter
erſtanden ſeyn, der die Nichtigkeit der Zauberey eingeſehen, entdecket, und dieſe Strafgeſetze einzuhalten
ſich beeiferet hätte? Auch dieſe Frage will ich ihm gründlich beantworten. Es iſt nur all zu wahr, daß in dem fünfzehenden Jahrhunderte, als die zween Inquiſitores Henricus
Inſtitore, und Jacobus Sprenger Predigerordens, die
den *Malleum Maleficorum* oder Herenhammer geſchmiedet haben, im Deutſchlande waren, die Richter die Hände voll hatten, die Hexen zu proceſſieren. Es geſtehen dieſe Inquiſito ＊erſtaunliche
res, x) daß innerhalb fünf Jahren acht und vierzig Hexen ＊Zahl der ver
ſeyen verbrannt worden. Bartholomäus Spina y) be ＊brannten Hezeuget, daß nur in der Comerblöces alle Jahre mehr ＊xen.
als hundert hingerichtet worden ſind. Philippus Limborch z) ſaget: daß in einer Zeit von hundert und vierzig
Jahren zum Scheiterhaufe ſeyen verdammet worden drey
ſigtauſend theils Hexen theils Hexenmeiſter. Georgius
Gobat a) erzehlet: daß in Schleſien im Jahre 1651 verbrannt worden zweyhundert Hexen: und aus der Zauberbibliotec b) haben wir, daß zu Witzburg in zweyen Jahren ＊Klage über
hundert acht und fünfzig Hexen ſeyen hingerichtet worden. ＊die alten He
Wie nun bey dieſen Zeiten die Hexenproceſſe geführet worden, ＊xenproceſſe.

F will

---

x) Mallei malefic. part. 2, q. 1, c. 4.
y) L. de ſtrigibus c. 13.
z) Hiſt. inquiſit. l. 3, c. 21.
a) Op. moral. tom. 2, tract. 5, c. 42.
b) Tom. 26, pag. 807.

will ich eben nicht untersuchen; soviel aber weis ich, daß, nachdem vielen Gelehrten das unordentliche Verfahren wider die
Hexen nicht gefallen hat, sie tapfer darwider geschrieben haben, als nämlich Petrus Mamor, Wierus, Godelman-
nus, Andreas Alciatus, Friedericus Spe, ja die römischen geistlichen Richter selbst, und andere sehr viele, als
welche öffentlich in ihren Büchern vertheidiget, daß man mit
diesen elenden Leuten mehr Mitleiden haben, als nach der
Strenge verfahren sollte: sie behaupteten, daß die Aussage
der Hexen nur in einer verrückten Phantasie bestünde. Die
Richter haben allgemach angefangen die Augen zu eröffnen,
und die Verbrennungen der Hexen wurden so seltsam, daß
man sie von hundert Jahren her leicht zehlen kann. Es zeiget sich also klar, wie unbelesen mein Gegner sey, da er
von diesen Autoren keine Kenntniß hat, und nicht weis,
was über das blutige Verfahren der Richter gegen die
Hexen mit allem Eifer geschrieben worden. Zu Ende meiner
Schrift werden sie ein Verzeichniß der Autoren finden, die
theils die Hexerey, theils die Zauberey geläugnet haben.

XLVIII.

Nachdem wir bisher aus der göttlichen Schrift, aus
den Verordnungen der Kirche, und deren Oberhäupter, aus
den geistlichen und weltlichen Rechten die wirkungslose und
unthätige Kraft der Zauberkunst und Hexerey erwiesen, alle
fürchterliche Einwürfe glücklich aufgelöset, und das blinde
Vorurtheil unserm Gegner bewiesen haben, wollen wir
uns ein wenig mit Vernunftgründen unterhalten, und

se-

sehen, ob ein ächter und gesunder Vernunftschluß das Her-   *Die Ver-*
zenfyſtem zulaſſen, oder läugnen müſſe. Unſer Gegner *nunft ſchlie-*
ſchweifet zwar mit ſeinen Vernunftgründen § 12 und 13 wie *ſet, daß das*
eine Katze um den heißen Brey herum; ſie können aber füglich *Hexenſyſtem*
in dieſe Schlußrede abgefaſſet werden: GOtt der Allmäch- *eitel und nich-*
tige geſtattet dem Höllengeiſt, aus ſeinem uns verbor- *tig ſey.*
genen aber gerechten Urtheile, daß er auf den ausdrücklichen oder geheimen Bund, den der Zauberer
oder die Hexe mit ihm eingehet, demſelben erſcheine,
Hilfe und Beyſtand leiſte: mithin, obgleich der Teufel
durch Wörter, Zirkel, und Zeichen zur Erſcheinung
nicht könne gezwungen werden, ſo geſchehe doch ſolche
durch die Zulaſſung GOttes zur Beſtrafung des böſen
und verkehrten Willens eines ſolchen Menſchen. Dieſe
Schlußrede, die der weſentliche Inhalt ſeines verdrüßlichen
Geſchwätzes iſt, ſolle der unüberwindliche Mauerbrecher ſeyn,
mit dem er mein Lehrgebäude erſchüttern will. Aber mein
Herr Liebhaber der Wahrheit! ſie geben leyder ſchon wieder
zu erkennen, wie ſtark ſie von Vorurtheilen bezaubert ſind.
Dieſe ihre ganze Schlußrede iſt auf einen falſchen und bo-
denloſen Grund gebauet. Ich zeige es ihnen: wir haben
n. XV, etc. aus dem unfehlbaren Zeugniße der H. Schrift,
wie auch aus den verehrungswürdigen Schriften der H. Väter erwieſen, daß nach der Ankunft des Weltheilandes dem
Satan die Gewalt genommen worden, das menſchliche
Geſchlecht durch die zauberiſchen Scheingründe zu verführen; und da uns GOtt ſolches durch den Mund der Propheten und Apoſtel verſprochen hat: da es die Erblehre der
H. Väter iſt, dürfen wir daran nicht zweifeln; wie kann al-

so GOtt die ewige Wahrheit zulassen, daß der Satan auf das Begehren des Zauberers oder der Hexe erscheine, und sich mit ihm in eine Bündniß einlasse, um Wunder auszuüben, und dem Nächsten zu schaden! Ist also die ganze Stütze ihrer Schlußrede eitel und nichtig.

XLIX.

DieBündnisse mit dem Satan sind erdichtet. Eine gleiche Verhältniß hat es mit dem Bunde; denn ich frage meinen gelehrten Prüfer, woher der Teufel nach der Ankunft des Weltheilandes und nach entkräftigung seiner Macht die Gewalt habe Bündnisse mit dem Menschen zu machen, da man doch von dieser Gewalt weder in einem heil. Vater, oder alten Scribenten etwas lieset: und erst in dem 13 Jahrhunderte diese Bündnisse von dem Ceratius erfunden worden sind. c) Ich meinestheils begreife nicht, wie diese Bündnisse mit dem Teufel auf einem so festen Fuße, wie man sich einbildet, stehen können. In den gelehrten Anmerkungen über den cod. bau. crim. d) lese ich: ob es nun dergleichen Bündnisse gebe, ist nicht nur jetzt noch, sondern zu allen Zeiten ein großer Disput unter den Gelehrten gewesen. Unser Liebhaber der Wahrheit aber zweifelt gar nicht daran, sondern hält diese Bündnisse mit dem Satan für so unlaugbar, als die Sonne am Firmamente ist, und alles dieses ohne Vorurtheil.

L.

---

c) Vid. Tartarotti della Apolog. del congresso notturno delle lamie osservat. 93, pag. 177. Muratorius de naevis in relig. incurr. c. 8, pag. 114, edit. Luc.

d) P. 1, c. 7, § 7.

L.

Nun ſetze ich meine Schlußrede der ihrigen entgegen, und ſage: nach Ankunft des Weltheilandes hat der Teufel keine Gewalt den Zauberern und Hexen beyzuſtehen; alſo kann er ihnen auch nichtmehr erſcheinen, oder mit ihnen einen Bund aufrichten. Der vordere Satz iſt n. XV bis XXIII bekräftiget, der zwepte kann nicht verneinet werden. Mithin ſind die Sätze in meiner akademiſchen Rede ſo richtig und unumſtößlich, daß ich keinen Zoll davon weichen könnte: wollen ſie aber ſolche verlachen, ſo lachet über ihre Einfalt der berühmte Muratorius weitmehr, da er von der eingebildeten Zauberey alſo ſpricht: e) *dieſes müſſen wir noch kürzlich anmerken, daß dergleichen Meynungen, in unſern Tagen ſo veraltet ſind, daß ſie nur noch von den Einfältigen geglaubet werden, die ohnehin alle Mährchen und närriſchen Poſſen leicht glauben.*

LI.

Am Ende des § 13 beſchuldiget mich mein Herr Gegner einer Uebereilung, da ich in der akademiſchen Rede auf der 8 Seite ſage, daß nur einige nordiſchen Landſchaften von dieſen lächerlichen Vorurtheilen noch eingenommen ſind. Der Herr Prüfer muß entweder wenig geleſen, oder einen ſchlechten Vorrath an Büchern haben, ſonſt hätte er

.F 3   wiſ-

---

e) C. 10, tract. della forza della fantas. umana.

wissen können, daß heutiges Tages die Gelehrten in unserm
Deutschlande die Hexerey so wohl als die Zauberkunst für
Betrug, Blendwerk und Phantasie halten, wie der rover-
dinische Professor Graser bezeuget, f) der sein gelehrtes

Die Behaup-
tung der He-
xerey ist ein
Gelächter der
Gelehrten.
Werk also schließet: **Wer heutiges Tages die Hexen-**
possen behauptet, stellet sich dem Gelächter aller
Gelehrten bloß. Das Parlament in Frankreich strafet
keinen Zauberer und keine Hexe, sondern übergiebt dergleichen verrückte oder betrügerischen Leute dem geistlichen Gerichte
um ihres Aberglaubens willen gezüchtiget zu werden. g) Die
Hexerey hat im Welschlande ihren Glauben so sehr verloren,
daß sie anjetzt nur ein Kinderschrecker ist. h) Wollen sie
aber eine vollkommene Einsicht haben, was zu allen Zeiten
in verschiedenen Ländern von der Hexerey sey geglaubet worden, so können sie solche bey dem gelehrten Tartarotti i)
finden. Es wird sie gewiß nicht reuen; denn sie werden mit
Verwunderung sehen, daß der Glaube an die Hexerey eine

Der Glaube
an die Hexe-
rey ist eine
neu erfunde-
ne Meynung.
ney erfundene und in dem 14 Jahrhunderte erdichtete, entgegen unsere Meynung von der Nichtigkeit der Hexerey der ur-
alte Glaube des Christenthums gewesen sey. Unser Gegner

weis

---

f) Propugnationis adnotat. critic. in sermonem de Maria Renata
saga § 2.

g) Constantinus Grimaldi delle 3 magie § 22. Brun. p. 1, l. 1,
cap. 3. Jean Bapt. Thiers Traité des superstitions t. 1, c. 4.
M. de S. Andre Lettre 2.

h) Muratorius, Scipio Maffei, Lami, citati a Grasero in sua pro-
pugnatione adnotat. critic. n. 7.

i) Del congresso notturno delle Lamie l. 1 a c. 1 usque ad 9.

weis ein welſches Buch, davon er aber weder die Aufſchrift
noch den Namen des Verfaſſers kennet, ſo die Zauberey und
Hexerey vertheidiget, folglich iſt die Lehre, wie unſer Gelehrte ſchließet, im Welſchlande nicht allgemein, daß es keine Hexerey gebe. Ich will ihm 12 welſche Autores, die ich
alle bey Handen habe, zeigen, die wider den Maffei und
Tartarotti geſchrieben haben; aber daß ſie bey den Gelehrten
keinen Beyfall gefunden haben, beweiſen die Briefe, die
von den Gelehrteſten in Italien geſchrieben, und von dem
Marches Baroni zuſamm getragen worden ſind. k)

LII.

Freylich ſind ſie, liebſter Freund, in einen großen Irrthum und in das ſcheuslichſte Vorurtheil wiederum verfal-
len, da ſie § 14 glauben, daß die Kirche eine wirkende
Hexerey behaupte. Wir haben n. XXXVIII etc. geſehen,
wie unvorſichtig, wie verdrehet, wie falſch man der Kirche
Gottes dieſe Meynung aufbürde; ich kann mich alſo nicht
genug verwundern über ihre Unbeſcheidenheit, und ihr kühnes
Verfahren, daß ſie mich zur Verantwortung ziehen, als
hätte ich mit geringer Ehrfurcht gegen unſere allgemeine Kirche geſprochen. So weit hat ſich der unvorſichtige Kritiker
von dem blinden Vorurtheile hinreiſſen laſſen, daß er das
Laſter der Verläumdung als eine Tugend anſiehet. Wir
wollen ſehen, was dann das Anſtößliche in meiner akademiſchen Rede ſey, das ihnen zu ſo zügelloſen Ausdrückungen
Anlaß gegeben hat. Auf der 10 Seite lauten meine Worte alſo: Das erſte Beweismittel gewähret uns die ge-
ſun-

*Die an die Aufſart der Hexen glau-
ben, weichen von dem
wahren Glau-
be.*

k) Ad calcem della apologia di Girol. Tartarotti.

funde Vernunft, nach welcher es wider die unendliche
Vollkommenheit, und Güte Gottes streitet, daß eine
Here durch die bösen Begierden, und schändlichen Lü-
ste GOtt solle bewegen können, dem verworfenen Geiste die Gewalt zu überlassen, die Geschöpfe zu beherrschen, und selbige nach dem Wille eines verruchten
Menschen zu mißbrauchen; oder wie müßten sagen,
daß es einen bösen GOtt gebe, welches allerdings
Manichäisch geredet ist. Vernehmen sie jetzo meine Verantwortung: die geistlichen Verordnungen aus dem Gratia-
nus, die nach ihrer feinen Urtheilungskraft in dem Werthe
einer Kirchensatzung sind § 12, drücken sich eben so aus,
wie ich, sie sagen eben dasselbe, cauß. 26, quaest. 5, c. 12.
Wollte aber GOtt, daß sie, Nämlich die Hexen,
und Gabelfahrerinnen, allein in ihrer Treulosigkeit
verblieben wären, und nicht mehrere zu dem Un-
tergange des Unglaubens gezogen hätten... denn
eine unzählige Menge, von dieser falschen Meynung verführt, glaubt, daß dieses wahr sey,
nämlich das Ausfahren u. s. f. und da sie es glauben,
weichen sie von dem wahren Glaube, und werden in den Irrthum der Heyden verwickelt, weil
sie glauben, wohl gemerket: daß außer dem einzigen
GOtt ein göttliches Wesen oder ein böser Gott nach
der Lehre der Heyden und Manichäer, bestehen könne,
Hier fordere ich die vernünftige Welt auf, ob ein Unterschied
zwischen meiner und des Kanons Sprache zu finden sey?

Und

Und damit auch mein unglaubiger Herr Gegner davon über-
zeuget werde, will ich diesen Kanon noch weiters erläutern.

LIII.

Es ist allen bekannt, daß die Heyden gute und böse
Götter angebethet, und alle guten Wirkungen den ersten,
die bösen aber den letzten zugeschrieben haben; wenn also
die Zauberer Wunder übeten, oder Schaden stifteten, mußte
solches durch die bösen Götter geschehen. Dieser Meynung
waren auch die Manichäer mit dem Unterschiede, daß sie nur
einen einzigen guten Gott, und einen falschen behaupteten.
Nun auf den Kanon zu kommen, so beweiset solcher, daß
die Ausfahrt der Hexen nicht mit dem Körper geschehe, sondern daß sie in einem Traume und bloß in der Phantasie
bestehe; wenn also die Hexen vorgeben, daß sie wirklich und
körperlich ausfahren, so müßte solches durch einen bösen Gott
geschehen; denn der wahre GOtt ist es nicht, der diese Unholden durch die Luft führet: der Teufel kann es nicht seyn;
denn gleichwie, nach dem Kanon,1) dieser Höllengeist kein
Geschöpf in eine andere Gestalt oder Gleichheit
umstalten kann, welches doch unter die Meisterstücke der
Hexen gehöret, also kann er auch keine Hexe durch die Luft
führen; warum? weil nur allein dem Erschaffer,
der alles gemacht hat, Wunderwerke zu machen zustehet; aber von diesem werden wir noch weiters reden. Indes-
sen belieben sie meine angezogenen Stellen aus der H. Schrift
und den H. Vätern von n. XV bis XXIII mit einem von

G   Vor-

1) Canſ. cit.

Vorurtheilen gereinigten Gemüthe zu durchlesen, so werden
sie die Rechtfertigung meines andern Beweisgrundes der akademischen Rede auf der 10 Seite finden: daß nämlich GOtt dem
Satan nimmermehr zulassen werde das menschliche Geschlecht
mit Zauberwundern zu äffen, ja daß die Zauberey völlig zernichtet sey. Sie werden auch finden n. XXXIII, daß diese
Stellen nicht von der Abgötterey, sondern von der Zauberey
müssen verstanden werden. Mithin fallet das ganze Gewebe
von der Zulassung GOttes eod. § 14 auf einmal zu Boden.

LIV.

Jetzt kommen wir auf die lustige Spazierfahrt der
Hexen. Unser Herr Gegner verneinet zwar nicht § 15, daß
sich hierinnen gar viel lächerliches und falsches befinde,
daß zum öftesten solche nächtliche Ausfahrten wirkliche
Träume und Einbildungen seyen, daß der Satan nicht
fähig sey den Besen zusamt dem Leib der Hexe durch eine
zerbrochene Fensterscheiben oder durch den Spalt oder
Ritze der Thüre u. s. f. hinaus zu führen. Daß es ein fabelhaftes Mährchen träumerischen Weiber sey, wenn
sie in ihren Erzählungen uns aufschwätzen wollen, daß
sie in einigen Augenblicken in der Luft ganze Königreiche
durchschiffeten, und in die entlegenste Welttheile auf
ihrem Besen überbracht würden; daß aber gar alles
falsch, oder diese Ausfahrt eine den Kräften der Natur unmöglich, und ohne wahres Wunder nicht be-
stehende Sache sey, das kann er nicht eingestehen. Ich
kann es meinem Herrn Gegner nicht übel deuten, daß er kei-

*Die Aus-
fahrt der He-
xen streitet
wider die Ver-
nunft.*

nen

nen gesündern Begrif von der Macht und den Wirkungen der
guten und bösen Engel habe; die alten sowohl als die neuen
Weltweisen gehen in dieser Materie darüberhin. Die meisten Gottesgelehrten halten das für richtig und ungezweifelt,
was doch erst zu beweisen ist. Sie sagen erstens, daß die bösen Engel die Gewalt und Kraft, die sie vor ihrem Sturze gehabt, nicht verloren haben. Das gebe ich gerne zu. Zweytens behaupten sie: daß der Satan, wenn es GOtt zuläßt,
dem Menschen erscheinen könne. Hier frage ich, ist die ordentliche Zulassung GOttes hinlänglich, oder wird die außerordentliche und sonderheitliche erfordert, daß der Satan erscheine? Der Strom der Scholasticker, denen unser Gegner beypflichtet, behauptet den ersten Satz, gut! also ruhet
die Gewalt der sichtbarlichen Erscheinung in den eignen Kräften des Satans, folglich kann er sich jederzeit sichtbarlich
darstellen, wenn er von der Allmacht GOttes nicht gestöret
wird. Woher hat er aber diese Kraft und Macht bekommen? aus seiner Natur hat es der Geist nicht; mithin muß
GOtt diese Kraft dem Geiste gegeben haben; wie kann man
aber dieses beweisen, da in der heil. Schrift keine klare
Stelle zu finden ist, daß der Satan die Macht oder das
Vermögen habe mit der ordentlichen Zulassung GOttes uns
zu erscheinen? wir nehmen also den zweyten Satz an, und
sagen mit dem gelehrten Calmet m) und andern: **Weil
die Engel, Teufel und abgeleibten Seelen pure
Geister ohne etwas Leibliches oder Materialisches**

G 2   **sind,**

*(Randglosse: der Satan kann ohne Wunderwerk nicht erschei-
nen:)*

---

m) Abhandlung von Erscheinungen der Geister. cap. 46, de la forge,
cordemoi malebranche.

find, so iſt nicht möglich, daß ſie ohne übernatürliches Wunder mit einem Leibe erſcheinen,
GOtt müßte denn gleich bey ihrer Erſchaffung ihnen ſolche Macht zugeeignet, und ſich allein die
Bewegung ſeines allmächtigen Willens dazu vorbehalten haben, die er ihnen doch ſelten zugeſtehet.

LV.

Der größte Theil der Theologen giebt drittens dem

Er kann auch ohne Wunderwerk keinen organiſchen Körper annehmen, Satan die Gewalt einen Leib zur Erſcheinung bilden zu
können; ſie ſind aber nicht einig, ob der Geiſt ſeinen Leib
aus einer flüßigen, oder feſten und undurchdringlichen Materie bilde. Diejenigen, welche glauben, daß der Teufel mit
ſeiner Amantinn ſpazieren fahret, dieſelbe mit niedlichen
Bißchen labet, und einen wahren Liebhaber abgiebt, müſſen
nothwendig zulaſſen, daß dazu ein feſter und organiſcher
Körper erfordert werde. Ich wollte mich gerne von dem
Strome dieſer Meynung dahin reiſſen laſſen, wenn nur meine geringe Einſicht ſich nicht zu ſtark dagegen ſträubete. n)
Ich kann nicht begreifen, wie die Geiſter ſolche organiſchen
Körper verfertigen können? Hände haben ſie nicht, womit
ſie das Werk angreifen können: und wenn ſie ſich erſt dazu

Hän

---

n) Lactantius l. 2 diuin. inſtit. c. 8. Dediſſe omnibus Deum pro
virili portione ſapientiam, vt et inaudita inueſtigare poſſent,
et audita perpendere. Quare quum ſapere, id eſt, veritatem quaerere omnibus ſit innatum, ſapientiam ſibi adimere,
qui ſine vllo iudicio inuenta maiorum probant, et ab aliis
pecudum more ducuntur.

Hände machen wollten, müßten sie zuvor Hände haben, um
sich damit etwas Organisches und Maschinenmäßiges, wie
die Hände sind, zu machen. Durch ihren blossen Willen
können sie nichts ausrichten; denn dieß hieß Erschaffen, welches GOtt allein kann; es müßten sich also Mittel finden,
wodurch sie ihre Macht ausübten. Welche sind aber nun
diese Mittel, deren sie sich zur Verfertigung einer solchen
Maschine bedienen: mir sind keine bewußt; die Geister müßten etwann einen subtilen Leib haben; allein diese Meynung
kann heutiges Tages nicht mehr behauptet werden. Mithin
da es der gesunden Vernunftlehre entgegen zu seyn scheinet,
daß die Geister das Vermögen haben wahrhafte Körper anzunehmen, müssen wir schließen, daß zu einer Hervorbringung
eines solchen Leibes die Allmacht GOttes, oder ein Wunderwerk erforderet werde. o) Wir haben zwar in der heil.
Schrift von den Engeln viele Geschichten, daß sie wahre
Körper angenommen haben; es ist aber solches niemal ohne
Wunderwerk geschehen. p) Nachdem ich also klar gezeiget
habe, daß das Vermögen des Satans, es mag so groß
seyn, als es will, dennoch durch die Gesetze der Körper also
eingeschränket sey, daß er weder erscheinen, noch einen Körper bilden könne; so siehet es schon sehr übel mit der Ausfahrt der Hexen aus; denn der geschmierte Besen hat die
Wirkung nicht die Hexe durch die Luft zu führen. Der
Teufel muß nothwendig den Postillion machen.

G 3   LVI.

o) Clemente Baroni della impotenza del demonio c. 1, § 8. Fridericus Hoffmannus de diaboli potentia in-corpora § 10.
p) Joan. Bapt. Graserus in serm. de Maria Renata § 5.

LVI.

noch einen
Leib durch die
Luft führen. Ich will noch weiters die Unvermögenheit des Satans meinem Prüfer vor die Augen legen.   Ich will ihm
mit philosophischen Gründen darthun, daß ohne Verletzung
des Laufes,   der Ordnung und Kräfte der Natur, oder
Wunderwerk nicht geschehen könne, daß ein menschlicher
Leib von dem Satan durch die Luft geführet werde. Ich
behalte den Beweis, wie ich solchen in meiner akademischen
Rede auf der 13 Seite vorgetragen habe. Der menschliche Körper ist mehr als zweyhundertmal schwerer, als die Luft ; q)
folglich müßte der Teufel entweder dem menschlichen Körper
die Schwere benehmen, oder er müßte machen, daß die Luft
schwerer, als ein solcher menschlicher Leib würde: warum?
weil alle Bewegung von der Ungleichheit der Kräfte entste-
het; mithin muß die Luft, die bewegen soll, mit einer größe-
ren bewegenden Kraft versehen seyn, als der menschliche
Körper, der bewegt werden soll: geschiehet dieses nicht, so
muß der menschliche Leib, wie ein Klotz zur Erde fallen.

LVII.

Mein von Vorurtheilen unbemakelter Herr Welt-
weiser wußte sich aus diesem Gedränge nicht anderst heraus
zu winden, als daß er seine Zuflucht zu der Kraft des Engels nahm. Er saget eod. § 15 : Die ganze Schwere eines
solchen übertragenen Körpers ruhet auf der Kraft des
Engels. Beweiset er aber diesen Satz? Nein: er begnüget
sich schlechterdings zu sagen: Wäre dieses nicht, so kunte
der

---

q) Fridericus Hoffmannus de diaboli potentia in corpora § 6.

der Satan nicht nur keinen Körper von einem Ort in
den andern übertragen: sondern nicht einmal bewegen, welches wider alle gesunde Lehre der Weltweisen handlet, welche eine der unsrigen nicht zuver-
gleichende Macht in Bewegung der Körper denen Gei-
stern zulassen. Ich bedaure sie, liebster Freund! daß sie
einen so geringen Vorrath von Autoren haben, und von
der Gegenmeynung nichts wissen. Ich will ihnen nur einige anzeigen, die ich bey Handen habe, Mallebranche, r)
Hoffmannus, s) Baroni, t) Tartarotti, v) Maffei, x) Graserus, y) Jean Thiers, z) welche alle
mit noch mehreren einmüthig behaupten, daß die Geister
aus ihrer Natur die Kraft oder das Vermögen nicht haben
einen Körper durch die Luft zu führen, oder aus einem in den
andern Ort zu übersetzen, wenn ihnen nicht GOtt eine besondere Gewalt giebt. Dieser Meynung folgen auch wir,
und die gesunde Vernunft lehret uns, daß der Geist, um einen
Körper zu bewegen, sich eines Mittels oder Werkzeuges bedienen müsse. Solcher wäre die feste Materie, aus der er
sich zuvor einen Leib bilden sollte; da es aber in dem Vermögen des Geistes nicht stehet einen festen und organischen
Leib anzunehmen, wie wir n. LV erwiesen haben, folget,
daß

---

r) De inquir. verit. l. 6, c. 3.
s) De diaboli potentia in corpora § 10.
t) L'impot. del demon. c. 4.
v) Del congresso notturno delle lamie l. 2, cap. 1, § 7.
x) L' arte magica dileguata § 15.
y) De Maria Renata saga § 5.
z) Traité des superstitions t. 1, L 4, chap. 2.

daß der der Geist auch keinen Körper aus seiner Kraft bewegen könne.

LVIII.

Der Text in dem Evangelisten Matthäus a) beweiset nicht, daß Christus unser Heiland von dem Teufel
auf die Zinne des Tempels durch die Luft geführt worden;
denn παραλαμβανειν heißt: einen mit sich nehmen, einen be-
gleiten, einen an einen Ort führen; so wie man heut zu Tage einen auf unsere Kirchenthürme führet; der Teufel hat also
zu Fuße Christum den Herrn auf den Berg und die Zinne
des Tempels zu Jerusalem begleitet, und geführet, wie gar
viele Gottesgelehrten mit dem Origenes, Euthimius, Hes-
felius, und Maldonatus behaupten. Delrius selbst der
so große Herenvertheidiger bekennet, daß aus dieser Geschichte die Ausfahrt der Heren wenige Vortheile
habe. b)

Christus der
Herr ist von
dem Satan
auf die Zinne
des Tempels
begleitet wor-
ten.

LIX.

Nun sieht es noch weit schlechter mit der Luftfahrt
der Heren aus. Mich deucht, daß dieselbe schon in ihren letzten Zügen lieget. Die Vertheidiger der Hexerey haben jederzeit nicht ohne Vorurtheil geglaubt, daß der Teufel vermögend sey mit seiner natürlichen Kraft, wenn solche von der
Allmacht GOttes nicht gestöret wird, dem Menschen unter
allerley Gestalten zu erscheinen, wahre Leiber zu bilden, und
die

---

a) Cap. 4, v. 5.
b) L. 2, quaest. 16, x, xx.

die ruhenden Körper zu bewegen, ja so gar durch die Luft
zu führen. Wir verneinen es, und schließen aus der gesunden Vernunftlehre, daß ohne Wunderwerk alles dieses nicht
geschehen könne, n. LIV und LV; da aber dem Teufel ein
Wunder zu wirken nicht kann zugestanden werden, bleibt die
wirkliche Ausfahrt der Hexen eine Chimäre, ein Nichts, und
hat außer dem Traume, der Phantasie, und Blödsinnigkeit,
oder thörichten Einbildungskraft kein anders Daseyn.

LX.

Die lebhafte Einbildungskraft einer solchen ausfah-
renden Hexe will ich mit einer wahren Begebenheit, wie
sie P. Augustinus Calmet erzehlet, vor Augen legen.
c) Ein Weib, welches der Hexerey bezüchtiget, und deßwegen dem geistlichen Gerichte war übergeben worden,
hat die Richter versichert, man möge sie einsperren und ver-
wachten, so eng und scharf man wollte, so könnte sie doch
wahrhaft und leibhaft an die weitesten Orte kommen. Die
Richter befahlen ihr demnach an einen gewissen Ort zu
gehen, um mit benamten Leuten zu reden, und von ihnen Antwort zurücke zu bringen. Sie versprach auch zu
gehorsamen. Man versperrete sie darauf in ein verschlos-
senes Gemach, wo sie sich gleich gestreckt wie Todt nie-
derlegte: man trat hinein, bewegte und schüttelte sie, ohne
die mindeste eigene Bewegung an ihr wahrnehmen zu können: und als man sie auch mit dem Liechte brannte, em-
pfand sie eben so wenig; als sie bald darauf wieder zu sich
kam, erstattete sie von ihrer Reise Bericht, und sagte, sie

*Die Einbil-
dungskraft
einer ausfah-
renden Hexe
wird mit ei-
ner Begeben-
heit berge-
then.*

H   „habe

c) Von Erscheinungen der Geister cap. 18.

„ habe große Beschwerlichkeit auf selbiger ausgestanden: als
„ man sie fragte, was sie am Fuße habe? antwortete sie,
„ seit ihrer Rückkehre leide sie heftige Schmerzen daran, wisse
„ aber nicht, was dessen die Ursache sey. Hierauf erklär-
„ ten ihr die Richter, was geschehen war, und versicherten
„ sie, daß sie niemal vom Platze gekommen wäre, und in-
„ dem sie sich eingebildet, sie wäre anderwärts, habe man
„ sie mit dem Liechte an den Fuß gebrannt. Weil sie dann
„ von der Blendung ihrer Einbildung überzeugt war, so bat
„ sie um Verzeihung und versprach solche Sachen fürohin
„ gänzlich zu meiden.„ Ich könnte aus dem criminalischen
Warnungsbuche des gelehrten Jesuiten Friedericus Spe,
der so viele Hexen zum Scheitterhaufe geführet hat, hundert dergleichen träumische Ausfahrten auf die Bahne bringen; mir ist aber genug, daß er die Ausfahrt der Hexen für
Träume haltet, und die Richter ermahnet der Aussage dieser
verrückten Leute keinen Glauben zu geben.

LXI.

Eine der kläresten Stellen aus den geistlichen Rechten, die wider die wirkliche Ausfahrt der Hexen streitet, ist
ganz gewiß die Verordnung. causs. 26, quaest. 5, c. 12. d)
Sie saget so klar, daß der Hexensabbat nichts anders als
eine

*Die geistli-
chen Rechte
sagen, daß die
Ausfahrt der
Hexen nur in
der Phantasie
bestehe.*

d) Ich finde überflüßig die Worte des Kanons hier anzuführen, weil sie
sowohl in der akademischen Rede, als in des Herrn Gegners Urtheile zu finden sind. Die ersten Worte aber des Kanons, die ich
nicht angezogen habe, sagen nur, daß es Leute gebe, die sich auf
die Zauberkunst legen, nicht aber, daß sie solche wirklich zu Stan-
de gebracht hätten.

eine Phanthasie, und ein verwirrtes Hirngespinst thörichter
Leute sey, daß wir Kürbis statt eines Kopfs haben müßten,
wenn wir anderst denken sollten. Unser Gegner aber um sein
Hexensystem zu behaupten saget § 16, daß nach dem Ca-
non nur jene Ausfahrten in der Einbildungskraft be-
steheten, welche nicht ohne Wunder geschehen können:
daß nämlich die Hexen ganze Striche vieler Länder durch-
fahreten. Wer aber aus denen Gelehrten habe dieses jemal gelaugnet. Sie halten also nur jene Ausfahrten der Hexen
für ein fabelhaftes Mährchen träumender Weiber, wenn sie in
ihren Erzehlungen uns einschwätzen wollen, daß sie mit einer
außerordentlichen Geschwindigkeit ganze Striche vieler Länder in der Luft durchschiffeten: und diese Luftfahrten, sagen
sie, hat kein Gelehrter jemal geglaubet; von den übrigen Luftfahrten aber gestehen sie ein, daß sie wirklich und körperlich
geschehen können.

LXII.

Ich glaube nicht, daß ich zu lieblos urtheile, wenn
ich ihnen ohne Zweydeutigkeit sage, daß sie gerade zu, ohne
Ueberlegung hingeschrieben haben. Nein, sagen sie mir,
warum nach ihrem System der Teufel eine Hexe von Lands-
hut nach München, nicht aber von München nach Constan-
tinopel durch die Luft führen könne? die ganze Hexenfabeley
beruhet ja auf der Aussage der Hexen; warum soll man ihnen eines, und nicht auch das andere glauben? Hätten sie
bey dem Ambrosius Pignatus e) nachgeschlagen, so würden sie gefunden haben, daß die Hexen in die weitest entle-

D 2   genen

e) de haeres, quaest. 12.

genen Länder in einem Augenblicke von dem Teufel durch die
Luft geführt, und wiederum zurücke gebracht worden seyen.
Antonius Maria Cospi f) saget, daß die Unholden mit
einer solchen Geschwindigkeit durch alle Reiche in der Luft
herum streichen, daß weder ein Pfeil, weder ein Vogel, ja
kaum der Gedanke des Menschen nachfolgen könnte. In dem
Pico Mirandolano g) lesen wir, daß der Teufel seine Here
aus Welschland an das Ufer des Flußes Jordan in Pale-
stina innerhalb zwo Stunden geführet habe. Sie müssen also entweders diesen Männern ihre Gelehrsamkeit absprechen,
oder sie müssen glauben, daß es gelehrte Männer (denn sie
reden ja nach dem guten Geschmacke) gegeben habe, die
nach der Landesgewohnheit selbiger aufgeklärten Zeiten nicht
nur eine kurze, sondern sehr ferne und allergeschwindeste Spazierfahrt den Heren ohne Wunderwerk einräumen. Ich weis
zwar nicht, ob die deutschen Gabelfahrerinnen auch so schnell
fliegen können, wie die welschen?

LXIII.

Es reuete mich der Zeit, mit diesen Fratzen, und Kinderpossen mich längers aufzuhalten. Der geneigte Leser wird
ohnehin einsehen, was elende und verdrehte Auslegung der
Herr Prüfer dem Kanon gegeben habe. Wir wollen solchen
mit den Worten des in der Gedächtniße der Gelehrten un-
sterblichen Papstes Benedictus des XIV erklären. Eine
solche

f) Judex criminalista cap. 39, n. 15.
g) De ludificatione daemonum l. a.

ſolche Art, ſaget er, h) der Phantaſie oder Einbildungskraft ſcheinet auch zu ſeyn, was man von
der nächtlichen Ausfahrt der Hexen zu dem Sabbat
erzehlet, davon dieſer Kanon Meldung thut. i)
Der placentiniſche Rechtsgelehrte, da er dieſen Kanon ausleget, ſchreibet alſo: k) die geiſtlichen Richter ſollen
mit allem Ernſte darauf dringen, daß die verhex-
ten Närrinnen, die da glauben, daß ſie wirklich
und körperlich zu dem Hexentanze geführt werden,
ihre Meynung abſchwören, weil ſolche verworfen,
und ausgemerzet iſt. Wir machen alſo einen ganz natürlichen Schluß mit den um die ſchönen Wiſſenſchaften ſo
ſehr verdienten Männern Muratorius, Maffeius, Lamius,
und andern, daß die Ausfahrt der Hexen heutiges Tages
ein Gelächter der Gelehrten, und nur ein Mährchen der Kin-
der ſey.

H 3 LXIV.

---

h) L. 4, part. 1, c. 3, n. 3, de canonizatione ſauctorum. Ad
hanc eamdem claſſem illuſionis ſenſuum referri poſſe vi-
dentur ea, quae de ſtrigibus narrantur ad conuenticula a dae-
mone deportatis iuxta alium textum in can. Epiſcopi 26, q. 5.

i) Daß dieſer Kanon eben von den heutigen Hexen zu verſtehen ſey,
ſagen Alciatus Parergon iuris l. 7, c. 21. Franciſcus Duſte-
nus in tit. ad l. cornel. de ſicariis. Petrus Erodius rer.
iudicat. l. 8, t. 7, c. 18. Ioannes Ponras Dictionar. cas.
conſcient. v. ſortilegus, cas. 2. Beuedictus XIV. eod. loc.

k) In tract. tom. 11, part. 2, fol. 54, n. 65. Quod inquiſitores
debeant facere, abiurare illam opinionem, quod eatur ad
ipſum

LXIV.

Da mich die Ordnung auf den § 17 führet, weiß ich fürwahr nicht, was ich antworten solle. Es kömmt hier so viel elendes und ausschweifendes Zeug vor, daß ich darüber erstaune. Unser Hexenpatron kann nicht verbochen, daß *Die Hexen* ich den alten Weibern das edle Kunststück der Wettermacht *können kein* leugne. Er bemühet sich also alles hervorzusuchen um *Wetter ma-* zu beweisen, daß diese Vetteln Donner- und Hagelwetter, *chen.* Stürme, und Regengüsse in der Luft erwecken können; aber ich fordere ganz getrost die vernünftige Welt auf, ob sie in dem ganzen Geschwätze des 17 Absatzes nur den allergering-sten Beweis finden könne, daß die Hexen die Gewalt haben, Wetter zu machen. Es werden zwo Stellen aus dem H. Augustinus und eine aus einem diöcesanischen Rituale an-gezogen. Wir wollen sie untersuchen.

LXV.

Der heilige Augustinus saget, I) nach der Ueber-setzung des Herrn Gegners. Sie überkommen oft die Gewalt Krankheiten zu erwecken, ja die Luft selbsten zu stöhren, und ungesund zu machen, und

der-

---

ipsum ludum, seu quod portentur personae de loco ad locum in corpore et vere, cum talis opinio sit reprobata.

I) L. de diuinat. daemon. c. 5. Accipiunt saepe potestatem et morbos immittere, et ipsum aerem vitiando morbidum red-dere, et peruersis atque amatoribus terrenorum commodo-rum malefacta persuadere: de quorum moribus certi sunt, quod sint eis talia suadentibus consensuri.

dergleichen schädliche Wirkungen anderen verkehr=
ten und von zeitlichen Nütze eingenommenen ein=
zurathen, von deren Sitten sie überzeiget sind,
daß sie ihren Einsprechungen werden Gehör lei=
sten. Wo ist hier ein Wort zu finden von einer Wetter=
macherinn, daß sie Donner und Hagel erregen könne? Der
große Kirchenlehrer ist zwar der Meynung, daß die bösen
Geister die Luft ungesund machen können; daß aber die He=
xen ein Gleiches zu thun fähig sind, das verneinet er, und
saget an verschiedenen Stellen, besonders in seiner christli=
chen Lehre, m) daß die Zaubereyen für Aberglaube, Be=
trügereyen und Fabeln zu halten seyen. Wenn sie einen
gesunden Begrif von der wahren Lehre des heiligen Augu=
stinus zu bekommen verlangen, so lesen sie den Ardoinus
Dell'osa, n) (ich glaube mich nicht zu irren, wenn ich ihn
für den P. Jordan Simon aus dem ansehnlichen Augu=
stiner=Eremitenorden halte) und ich versichere sie, daß sie
dem großen Kirchenlehrer nicht so schlechte Meynungen auf=
bürden werden.

LXVI.

Die zweyte Stelle aus dem heiligen Augustinus o)
lautet also: GOtt bedienet sich auch der bösen Gei=
ster

---

m) L. 2, de doct. Christ. c. 19, 20, et 21, tom. 3, edit. Paris
   an. 1651, vbi haec verba leguntur: Qualia sunt molimina
   magicarum artium, quae quidem commemorare potius, quam
   docere assolent poetae.

n) Von der heutigen Hexerey und Zauberkunst, t. 1, c. 7, und t. 2, c. 3.

o) Lib. 2, de diuers. quaest. ad Simplic. q. 1, n. 4.

fer als Werkzeuge zu ftraffen die Gottlofe, oder
zu prüffen die Gute und Gerechte, und zwar
alfo in diefer, anderft in einer andern Sach;
denn obwohlen ein folcher Geift bös ift, weilen er
aus einem böfen Willen zu fchaden fuchet, fo hat
er die Gewalt zu fchaden von niemand andern
als von jenem, von welchem alle Dinge nach Maß
und Würdigkeit der Verdienften geordnet find.
Fürwahr ein fürchterlicher Text! aus dem klar erprobet wird,
daß es Wettermacherinnen giebt. Ich überlaffe das Urtheil
dem geneigten Lefer, p)

LXVII.

Und gehe weiter um zu fehen, ob in dem angeze-
genen diöcefanifchen Rituale eine Spur eines erzauberten
Gewitters zu finden, fey. Es werden bey Segnung der Ungewitter folgende Worte gebraucht: *ut caeleftes repellantur nequitiae, et aereae comprimantur poteftates.* Daß die geiftigen
Liftigkeiten zurückgetrieben, und die Luftgeifter
eingefchrenkt werden. Sind vieleicht *caeleftes nequitiae,*
oder nach meines Gegners Ueberfetzung die geiftliche Bosheit?

---

p) Will der Herr Gegner aus diefen und anderen Stellen des heiligen
Auguftinus folgern, daß der Teufel uns am Leibe fchaden könne,
fo wird er doch keine Erklehre der heiligen Väter daraus erzwingen können. Der heilige Auguftinus geftehet felbft de Trinit.
L. 3, c. 2, negare non poffum, nec debeo, multa effe in
tam multis opufculis meis, quae poffunt jufto judicio & nulla
temeritate culpari.

heiten die Wettermacherinnen, oder sind die Luftgeister zu
Hexen geworden? Eines oder das andere muß nach dem
Sinne des Gegners geschehen. Im Uebrigen haben wir n. XXXIX
gesaget, daß unsere Rede nur von dem römischen Rituale
sey; in selbem aber lesen wir anstatt *potestates* das Wort *tem-
pestates*. Wir wissen nur gar zu gut, daß in den diöcesanischen Ritualen viele Gebethe, Segnungen und weitschichti-
ge Beschwörungen wider die Luftgeister, und zauberischen
Ungewitter zu finden seyen. Allein sie sind uns nur von einzelnen Kirchen vorgeschrieben. Wir verehren ihre Verordnungen; aber sie sind nicht unfehlbar, und wir können ohne
Verletzung der Ehrfurcht besonders in quaestione facti von
ihrer Meynung abweichen. Unser Gegner muß uns ein von
der allgemeinen Kirche verordnetes Ritual aufweisen, in welchem
ein Segen, Gebeth oder eine Beschwörung wider ein erzaubertes
Ungewitter, oder wider eine wettermachende Hexe zu finden
sey; alsdann kann er meiner spotten; so lange er aber das
römische und allgemeine Ritual von den Diöcesanischen nicht
zu unterscheiden weis, wäre mein gutmeynender Rath, daß
er immer seinen Namen fleißig verborgen halten möchte.

LXVIII.

Die alten Weiber, die gerne kunstreich seyn wollen,
werden mit dem Herrn Prüfer nicht wohl zufrieden seyn, daß
er ihr edles Handwerk so schlecht vertheidiget hat. Wir
hoffen es besser zu treffen, wenn wir ihre Kunst der Wettermacherey für einen Aberglaube, für eine Thorheit, Betrügerey und Großsprechung erklären und bestättigen. Bur-
cardus Bischof zu Worms führet in seiner großen Samm-
lung

sung der Kirchenkanonen aus dem römischen Pönitentialbu-
che einen Kanon dieses Innhalts an: q) Haſt du jemal
geglaubet, oder biſt du dieses Unglaubens theilhaftig geweſen, daß die Zauberer, die ſich für
Wettermacher ausgeben, durch Mitwirkung des
Teufels entweder Ungewitter erregen, oder den
Verſtand eines Menſchen verrücken können? Wenn
du es geglaubet haſt, oder deſſelben Unglaubens
theilhaftig geweſen biſt, ſollſt du ein Jahre lang
an den gewöhnlichen Tägen Buße thun. Weiters
leſen wir in den Fragen und Antworten, die den Büchern
des heiligen Juſtinus angehängt ſind, r) daß man nicht
glauben ſoll, daß Regen und Hagelwetter durch
Zaubereyen könnten erreget werden. Der heil.
Agobardus Erzbiſchof von Lion ſchrieb im neunten Jahrhunderte ein Buch mit der Aufſchrift: s) Ein Buch gegen die abgeſchmackte Meynung des gemeinen
Pöbels von dem Hagelwetter. Er behauptet in demſelben durchaus, daß Donner- und Hagelwetter keinesweges
durch die Zauberer, die man Wettermacher nennet, entſte-
hen

---

q) C. 19. Credidiſti unquam, vel particeps fuiſti illius perfidiae,
vt incantatores, et qui ſe dicunt tempeſtarum immiſſores
eſſe, poſſint per incantationes daemonum, aut tempeſtates
commouere, aut mentes hominum mutare? ſi credidiſti, aut
particeps fuiſti, annum unum per legitimas ferias poeniteas.
r) Q. 31.
s) Biblioth. PP. t. 14, edit. lugdun. anno 1677, pag. 271.

ben können, und schließet seine Meynung mit folgenden Worten: Eine so grosse Thorheit hat die heutige Welt
eingenommen, daß so ungereimte Dinge von den
Christen geglaubet werden, welche vorher Niemand die Heyden zu glauben überreden konnte.
Allein, warum übergehen sie diese zwo in meiner akademischen
Rede angezogenen Stellen von dem heiligen Justinus und
Agobardus? Haben diese Männer bey ihnen gar kein ansehen?
mich deucht, dieses helle Licht der Wahrheit konnte von ihrem durch Vorurtheile verfinsterten Gemüthe nicht gesehen
werden.

LXIX.

Wir wollen auch die Vernunft fragen, ob man einem alten boshaften Weibe oder auch ihrem Abgotte dem
Satan zugeben könne Ungewitter in der Luft zu erschaffen.
Die Hexe will z. E. wider die Feldfrüchte des Titus ein
fürchterliches Hagelwetter erwecken. Sie macht ihren Kreis, *Der Satan*
sie fängt die Beschwörungen an, sie hat einen Topf, in wel- *kann ohne*
chem gewisse Steine, Kräuter oder dergleichen liegen, sie be- *Wunderwerk*
weget dieselben mit dem Zauberstabe; hierauf fängt der Himmel *die Elemente*
an sich mit schwarzen Wolken zu überziehen, es blitzet, es *nicht stören.*
donnert, die Wolken zerreißen, ein Hagel von Steinen
stürzet auf die Felder des Titus, und verwüstet, zerschlaget,
und zernichtet die Früchte. Niemand wird sagen, daß die
Zubereitungen der Hexe die Dämpfe von der Erde aufzie-
hen, und Donner und Hagel erwecken können. Folglich
muß auf dieses Unternehmen der Hexe der Satan gehalten
seyn, das Ungewitter zu machen. Nun frage ich, wenn es

in der Gewalt des Satans stehet nach dem Gefallen seiner
lieben Vettel Donner=und Hagelwetter zu bewirken, war=
um erfahret man zu keiner Jahreszeit solche Unglücke als
zu der Zeit, wo solche Ungewitter die Natur erzeuget? War=
um soll der Satan solche schädlichen Wetter nur in jenen
Gegenden zu erwecken fähig seyn, die von der Natur und
ihrer Lage solchen Zufällen unterworfen sind. Wir fragen
weiters, woher hat der Teufel die Gewalt bekommen die
Elemente zu beherrschen, und die Natur in Unordnung zu
setzen? wie kann er einen Donnerkeil machen, da er doch
keine feste Materie zu machen, oder zu bewegen fähig ist,
wie wir n. LV gezeiget. Dieses alles ist den Weltweisen
unbegreiflich. Wir behaupten also, daß dergleichen Wirkun=
gen durch den Teufel ohne Wunderwerk nicht geschehen können.
**Ein Wunderwerk aber ist es, wie Papst Bene=
dictus der *XIV* saget, t) wenn ein Körper durch
andere Gesetze, als die übrigen Körper, die mit
ihm einerley Nature sind, beweget wird, und wenn
eben dieselbe wirkende Ursache in eben denselben
Umständen ein anders Werk hervorbringt, als
sie sonst ihrer Nature nach hervorgebracht hätte.**
Es ist also nicht zu glauben, daß GOtt, der ein Vater des
Donners, Blitzes und Regens ist, wie Job erkennet, das
Wet=

---

t) Tom. 4, p. 1, cap. 4, n. 13. Miraculum tamen esse, quando
corpus movetur alia lege, quam reliqua omnia eiusdem na=
turae, et quando eadem caussa in iisdem circumstantiis alium,
quam ex suapte natura solet, producit effectum.

Vermögen einem verworfenen Geschöpfe gegeben habe, die
Elemente zu beherrschen, und gleichsam den Himmel zu
stürmen. v)

LXX.

Mein geehrter Herr Gegner kann § 18 nicht begrei,
fen, aus was Absicht oder mit welchem Grund der
Wahrheit doch unser werthes Vaterland vor allen an,
deren Ländern von weiß nicht was für Vorurtheilen,
und irrigen Meinungen muß eingenommen seyn. Der
gelehrte Fridericus Hofmannus löset ihm diesen Zweifel gar *Warum ein*
schön auf, da er sagt: x) daß man in Welschland, *Land mehr als*
Frankreich und dergleichen Orten wenig oder gar *das andere*
nichts von Hexen oder Gespenstern höret, ist die *seyn.*
Ursache, weil diese Leute gewohnt sind zu arbei,
ten, Wein zu trinken, und mit vernünftigem
Umgange und Bücherlesen sich zu unterhalten.
Entgegen in den nordischen Ländern, wo man
das schwere Trank des Bieres hat, mit groben
und harten Speisen den Magen anfüllet, höret
man weit mehr von Erscheinungen der Geister,
von Hexenpossen, und Zauberstreichen: wie die
tägliche Erfahrniß giebet. Es ist zwar keines weges
zu läugnen, und auch die ausländischen Schriftsteller geste,
hen es: daß sich Baierland vor vielen andern Ländern rüh,

J 3   men –

---

v) S. Agobardus biblioth. PP. eod. loc. pag. 273.
x) Opusc. medico-practic. dissertat. de diabol. potest. § 19.

men darf, sehr geschickte und gelehrte Männer in ihrem Schooße erzogen zu haben, und bis auf den heutigen Tag zu erziehen. y) Daß aber der Pöbel mehr als in andern Ländern mit Vorurtheilen und abergläubischen Meynungen schwanger gehe, wissen diejenigen am besten, die fremde Landschaften durchreiset haben.

LXXI.

Mein Herr Gegner sollte billig über das Schicksal seines Lehrgebäudes sehr bestürzet seyn: weil er schon nichts mehr neues zu sagen weis. Es werden wiederum in eben demselben § 18 die zween Päpste Alexander der VI und Innocentius der VIII aus dem § 11 hervorgesucht um der wirkenden Hexerey ein Gewicht zu geben. Wir haben n. XLI gründlich dargethan, wie die Bullen dieser Kirchenhäupter müssen verstanden werden. Wir wollen zum Ueberfluße eine Anmerkung aus dem gelehrten Tartarotti beyfügen, welcher also saget: z) solche päpstlichen Bullen erweisen die Zauberkunst nicht: sie entscheiden nichts; sondern setzen als ein Bedingniß zum voraus, wenn es also ist, wie man vorgiebt. Es misbrauchen also die Gegner den Sinn und das Urtheil der Päpste, mit deren prächtigen Namen sie den Leuten Sand in die Augen streuen, als wenn sol-

che

---

y) Vid. die churbaierischen akademischen Abhandlungen 1 Band, 1 Theil 2 Band, 1 Theil.

z) Del congresso notturno delle lamie l. 2, c. 12, § 7.

che Verordnungen Glaubensausfprüche wären.
Die angezogene Stelle a) des H. Augustinus redet von keiner Zauberey, die er ohnehin für einen Betrug gehalten hat,
wie n. LXIV zu sehen.   Der englische Lehrer saget nur, b)
daß es wider die Lehre der H. Väter sey, zu behaupten,
daß die bösen Geister keine Macht haben uns zu versuchen,
und in den Leibern durch GOttes Gewalt Besitz zu nehmen.
Wollen sie aber eine beffere Auslegung haben, so giebet ihnen solche der H. Vincentius Cirinensis n. XXXIV.

LXXII.

Was sie weiters in ebendemselben § 18 mit so lan-
gem Wortgepränge daher predigen, kann mit einem Blicke
übersehen werden. Der Innhalt ist dieser: Da der Teufel
die Gewalt hat dem Menschen sowohl als dem Viehe
zu schaden, Krankheiten, Gebrechen des Leibs u. d. g.
zuzufügen, und durch die Hexen zu befördern: so soll
man in dergleichen Zufällen, wenn die natürlichen Mittel keine Wirkung haben, Hilfe und Beystand bey dem
geistlichen suchen, besonders da uns die Kirche wider
die Hexenstreiche verschiedene geistliche Mittel vorschreibet. Ich will ihnen das Vorurtheil und den Irrthum auf-
decken, den sie in diesen Sätzen verrathen. Erstens haben
wir n. LIV aus der gesunden Vernunftlehre deutlich an-
gezeiget, daß kein Geist, es sey ein guter oder böser, ohne
besondere Anordnung GOttes, oder ausdrücklichen Willen
                                               und

Der Teu-
fel hat das
Vermögen
nicht dem
Menschen
oder dem Vie-
he am Leibe
zu schaden.

---

a) L. de diuinat. daem.
b) In supplem. q. 55, art. 2.

und Befehl des Urhebers aller Dinge, die mindeste Gemein-
schaft mit den körperlichen Geschöpfen pflegen könne: viel
minder, daß ein verdammter Geist solche Geschöpfe zu mishandeln vermögend sey. N. LV gedenken wir nur, daß
öfters die Menschen an den Krankheiten, die für eine Wirkung der Hexerey gehalten werden, sterben; so müssen wir
nothwendig folgern, daß die Hexen oder der Satan eine
Gewalt über Leben und Tod des Menschen habe. O wie
weit kommen wir mit dem Glaube an die Hexerey und
Teufelsgewalt. Es stund nicht in des Satans Vermögen den Diener GOttes Job nach seinem Wohlgefallen zu
verunglücken und zu beunruhigen: nein, er mußte eine ausdrückliche Erlaubniß hierzu von GOtt haben. Ich weis also nicht, wie ein wahrgläubiger Christ ein so geringes Zu-
trauen auf die Gerechtigkeit, Güte, und Vorsichtigkeit GOttes haben könne, daß dieser allmächtige GOtt einem verworfenen Geist so viele Gewalt geben solle, seine Geschöpfe zu
mishandeln, ihre Natur zu stören, ja den Tod selbst zu
verursachen: überdieß haben wir in der heiligen Schrift und den
H. Vätern so herrliche und unwidersprechliche Stellen n. XV etc.
daß dem Satan die Gewalt benommen sey, den Hexen und
Zauberern Beystand zu leisten, daß nur derjenige daran zweifeln kann, dem das Vorurtheil die Helle des Liechts raubet.

LXXIII.

Zweytens sind sie der irrigen Meynung, daß uns die
allgemeine Kirche geistliche Mittel wider die Hexerey oder Zauberkunst an die Hand gegeben habe. Es ist n. XXXVII bis
n. XLI sonnenklar entdecket worden, daß kein einziges Gebeth,

beth, keine Beschwbrung, keine Segnung oder andere geist- | Die Kirche
lichen Mittel wider die Herenstreiche und Zauberwerke in den | Gottes giebt
Liturgien, Ritualen, oder andern Büchern der Kirchenge- | uns keine
bräuche, die von der allgemeinen Kirche verordnet, und | Mittel an die
vorgeschrieben sind, zu finden und anzutreffen seyen. Mein! | Hand wider
wird nicht in der Litaney aller Heiligen wider alle übeln An- | die Zauber-
fälle gesprochen libera nos Domine! Herr! bewahre uns? aber | kunst.
wo heißt es? Ab arte magica, libera nos Domine, Herr bewah-
re uns von allen Zauberstreichen. Hätte die Kirche GOttes
jemal geglaubet, daß die Hexen oder Zauberer fähig seyen
uns am Leibe zu schaden, würde sie gewiß nicht vergessen
haben in dieser so wichtigen Angelegenheit GOtt anzurufen,
und ein heilsames Mittel vorzuschreiben.

LXXIV.

Viele unbehutsamen Leser könnten aus Vorurtheile auf
den Gedanken fallen, daß der Gebrauch des Weyhwassers,
des päpstlichen Wachses, die Segnungen der Häuser, des
Osterlamms, der Eheleute u. s. f. unnöthig seyen: weil die
Hexerey nur ein Chimere ist. Wer also urtheilet, giebt klar | Wie die geist-
an den Tag, daß er den Gebrauch dieser heilsamen und geist- | lichen Mittel
lichen Mittel nicht verstehe. Die Kirche GOttes hat solche | müssen ge-
keinesweges verordnet, daß wir dadurch von Hexenstreichen | braucht wer-
und Zauberwerken beschützet werden; sondern damit wir einen | den.
Schirm und eine Brustwehre haben den Anfechtungen, Listig-
keiten und Nachstellungen des bösen Geistes, der unsere Seele
auf eine unsichtbare Weise zu verführen suchet, zu wider-
stehen. Wir gebrauchen uns auch der Gebethe, Segnungen und anderer von der Kirche GOttes gutgeheissenen geist-

K   lichen

lichen Mittel um von dem allmächtigen GOtt die Gesundheit zu erlangen, um Glück in unsern Geschäften zu haben, um in unseren Handlungen von allen übeln Zufällen beschützet zu werden n. XXXVII u. f. f. Dieser ist der wahre und von der Kirche GOttes eingesetzte Gebrauch aller geistlichen Mittel. Was aber von andern Mitteln, als von den Amuleten, Hexenrauche, Lucaszetteln, und dergleichen geweyhten Sachen, die wider die Hexenstreiche, und Zauberwerke ohne Kirchensatzung, oder Verordnung gebraucht werden, zu halten sey, überlasse ich dem Urtheile der Gelehrten, c) und wünsche nichts mehrer, als daß so vielen Misbräuchen abgeholfen würde. Es ist wunderlich, daß man gegen einen Feind mit Waffen aufzieht, von dem man weder etwas höret, noch siehet: oder wenn ja Hexen, Druden, Unholdinnen, böse Leute im Lande herumschwermen, warum suchet man sie nicht auf: warum überliefert man sie nicht der Obrigkeit?

LXXV.

Weil ich mir vorgenommen habe meinem Herrn Gegner von Schritte zur Schritte zu folgen, und keine Stelle ohne

---

c) Pontas diction. cas. conscient. verb. *superstitio* sagt also: Quoniam non est penes homines privatos proprio suo marte privataque sua auctoritate novas invenire formulas orationum ; quippe inventa eiusmodi ab usu ipsius ecclesiae sint prorsus aliena, quae prohibet in suis libris ritualibus , ne recens adinventae preces ad avertendos morbos adhibeantur ; nec sinit adhiberi, nisi benedictiones , exorcismos et orationes, quibus auctoritatis et approbationis suae pondus addiderit.

ohne Beantwortung zu übergehen, d) so muß ich noch aus demselben § 18 zwo Stellen des alten Bundes erklären. Da-vid hat mit dem Klange der Harpfe den bösen Geist in dem Saul gebunden. Tobias hat durch den Rauch eben denselben vertrieben. Der Herr Prüfer lehret zwar § 12, daß kein körperliches Ding mit einem unsichtbaren Geiste einen Zusammenhang oder ein Verhältniß haben könne: Hier aber will er, daß der Klang der Harpfe, und der Rauch den bösen Geist vertrieben habe. Ist das nicht ein offen-barer Widerspruch? Wir wollen uns aber über solche Pedanterey nicht aufhalten. Wenn mein gelehr-ter Kunstrichter nur einen kleinen Blick in die Auslegungen der H. Schrift gethan hätte, so würde er bald gefunden haben, daß diese Verjagungen der bösen Geister durch die Kraft und durch den Finger GOttes geschehen seyn: e) welches man auch von den Werken der Heiligen sagen muß. Ich bedau-re sie, daß ihr starker Geist so sehr von den Vorurtheilen ver-finstert ist, daß er den Finger GOttes von dem Finger des Beelzebubs nicht zu unterscheiden weis.

Wie David und Tobias dem Teufel vertrie-ben haben.

LXXVI.

Zuweilen ist es nöthig einem hochmüthigen und unverständigen Gegner zu zeigen, daß er in der Sache ganz unerfahren sey, sagt der gelehrte

K 2   Chri-

---

d) Eben dieses zu thun hat aber dem Herrn Liebhaber der Wahrheit nicht belie-bet; denn er übergehet sehr Vieles: vielleicht weil er keine Antwort zu geben mußte.

e) Cornel. a lapide super c. 6 Tobiae v. 8. Bened. XIV de serv. Dei beatif, t. 4, part. 1, c. 29, n. 7, pag. 439.

die Prahlerey des Herrn Gegners

Chriſtianus Wolf. f) Es wird mir alſo auch erlaubet ſeyn meinem Herrn Gegner zu weiſen, wie hochmüthig und unerfahren er § 19 ſpricht, da er ſagt: Wir haben die Beweisgründe dieſer *Authorn* nämlich des *Muratori,* *Tartarotti,* *Maffei,* *Baroni,* *Carli,* dell' *Oſa,* und anderer eben ſo gut eingeſehen, als wie unſer Verfaſſer . . . ſo ſcheinen mir beygebrachte *Authorn* nur zu behaupten, daß in dieſer Materie ſehr viel falſches und irriges gebe, und viele von Vorurtheilen und übereilten Meinungen ſeyen eingenommen, welches wir ihnen gar gern eingeſtehen, nicht aber, daß hierinnen alles falſch und nichtig ſeye.

LXXVII.

wird aufgedeckt.

Wenn ich die Wahrheit ohne Schminke ſagen darf, ſo prahlen ſie ſich zu ſehr dieſe Authoren geleſen zu haben; denn daß Maffei, Carli, dell' Oſa die Hexerey ſowohl als die Zauberkunſt in ihrem ganzen Umfange für falſch und nichtig, ja für eine Betrügerey, und thörichte Einbildungskraft verrückter Köpfe halten, und erklären, iſt ſo gewiß, daß nur derjenige daran zweifeln kann, der die welſche Sprache nicht verſtehet, oder dieſelben Authoren niemal geleſen hat. Daß Muratori, Tartarotti, und Baroni die Ausfahrt der Unholden als Träume, Phantaſie, und ein nichtswirkendes Ding verlachen, iſt eben ſo unfehlbar, daß auch der ärgſte Spötter darüber nicht ſpotten kann. Wer meinen Worten nicht glaubet, dem ſtehet unſere Bibliothek

zu

---

f) Von den Kräften des menſchlichen Verſtandes cap. 14, § 9.

g) Arte magica annihilata, oder vernichtete Zauberey.

zu Dienſten, wo ihm dieſe Authorn mit Vergnügen vor Augen
geleget werden ſollen. Ich geſtehe aufrichtig, es verdrießet mich
nicht wenig, daß ich meinen geehrten Herrn Gegner ſo oft lächerlich
machen muß. Er ziehet eine Stelle aus der Apologia h) des gelehrten Tartarotti an, um zu beweiſen, daß er die Zauberey
zuläßt: und weis nicht, daß dieſer Gelehrte nur die Hexerey,
nicht aber die Zauberey läugne, und daß er dieſes Buch
della Apologia i) wider den Marches Maffei, der auch die
Zauberey verworfen, geſchrieben hat. Und wie verſtoſſen ſie
ſich weiter, beſter Freund! wie ungereimt ſuchen ſie wiederum
aus einer einzigen Stelle des dell' Oſa k) zu erzwingen, daß
der Author die Wirkungen der Zauberey glaube? da doch
die Aufſchrift cit. cap. alſo lautet: Nicht der Unglaube, ſondern der Glaube, daß es Zauberer gebe,
iſt der chriſtlichen Religion nachtheilig. l)
Hätte mein Herr Gegner dieſe obenangezogenen Authoren
geleſen und eingeſehen, m) würde er gewiß aus ihren Büchern jene Einwürfe, die ſich beſſer zu ſeiner Kram ſchickten,

K 3 als

h) Pag. 153.
i) Apologia del congreſſo notturno delle lamie, o ſia riſpoſta di
Girolamo Tartarotti all'arte magica dileguata del Sig. March.
Scip. Maffei.
k) Part. 2, cap. 1, n. 7.
l) Den heiligen Thomas in ſupl. q. 58, a 2, haben wir oben erkläret.
m) Daß der Dell'Oſa von dem großen weltbetrügenden Nichts
den Herrn Gegner bekannt ſey, das geſtehe ich gerne: aber darum
hat er den Maffei nicht geleſen, das ganze Buch della magia di-
ſtruta übergehet der Ueberſetzer, und aus der magia annichilata
hat er gar wenig angebracht.

als die ich in dem Urtheile ohne Vorurtheil lese, angebracht haben; er würde die nichtsbedeutenden Stellen des H.
Augustinus weggelaſſen, und andere, die mehr das Zauber-
ſyſtem zu behaupten ſcheinen, hervorgeſucht haben. Er hätte
ſein Urtheil mit einer feineren Erudition geſchmücket: ja er hätte
die Meynung der allgemeinen Kirche, die er ſo ſehr verwir-
ret, kennen gelernet.

LXXVIII.

Ich glaube nicht, daß der unbehutſamſte Leſer, nachdem er nur mit einem flüchtigen Auge meine bishero angeführten Beweisgründe durchgangen hat, auf die Vermuthung
fallen werde, daß mein Lehrgebäude ein Angrif des Glau-

Daß Luther und Melanch-ton an die Hexen und Zauberer nicht geglaubt haben, bens ſey. Der Herr Gegner aber, damit er meine Ehre bey
Unverſtändigen kränke, und ſich bey ihnen in größers Anſe-
hen ſetze, oder wohl gar aus gewiſſen noch niederträchtigern
Abſichten den Grund zu einer Verfolgung lege, will mich
mit zwoen angeführten Stellen zu einen Ketzer machen eod.
§ 19. Die erſte aus dem P. Calmet n) lautet alſo: daß
vorgeben, als wenn die Hexenmeiſter und Zauberer ſich
keiner Zauberwerke bedienen könnten, um Menſchen
und Vieh tödliche Krankheiten, und den Tod ſelbſten
zu verurſachen, iſt ein off.nbarer Angrif des Glau-
bens der Kirche. Die zwepte Stelle iſt aus dem P. Concina genommen, welcher vorgiebt, o) daß die Gegenmei-
nung,

---

n) Tom. 1, pag. 322.
o) Tom. 3, Theolog. p. 85.

nung, nemlich daß es keine Hexen gebe, Luther, Melanchton und ihres gleichen Spiesgesellen behaupten.

LXXIX.

Jetzt bitte ich mir befonders die Aufmerkſamkeit meines günſtigen Leſers aus. Der P. Calmet ein Benedictiner,
und P. Concina ein Dominicaner können wohl geſchickte
Männer ſeyn: doch ſind ſie keine Richter um ex cathedra zu
ſprechen, wer lutheriſch, wer katholiſch ſchreibt. Sie ſchlum-
mern eben wie mein Herr Gegner an der Kette des Vorurtheils angeſchmiedet. p) Wenn es nicht mehrer brauchte, einen wohlgegründeten Lehrſatz über den Haufe zu werfen, als
nur zu ſchmähen oder zu läſtern, ſo wäre es mit den theuer-
ſten Männern ſchon geſchehen. Sowohl der unvergleichliche
Kardinal Noris, als Belleli und Berti, jene drey hell-
ſchimmernden Lichter des hochgerühmten Auguſtinerordens
würden ſchon längſt zu Bajaniſten und Janſeniſten geworden
ſeyn. Wir wiſſen ja, daß die Weltbekannte, zu Rom aber
verbothene Bibliotheca ianſeniſtica den erſten unter die Zahl
der Janſeniſten geſetzet hat. Wir wiſſen auch, daß einige
aus den Biſchöfen in Frankreich q) die letzten zween unter
die

p) Wie es von dem P. Calmet gar ſchön beweiſet Maffei nella magia
annichil. l. 3, c. 9, und von dem P. Concina in den erſten 14
Bänden della ſtoria letteraria d'Italia (von welcher der möbe-
neſiſche Jeſuit P. Franz Zacheri, oder Zacharia der Verfaſſer
ſeyn ſoll) zu erſehen iſt. Ja Concina ſelbſt in ſeiner ſincera
mentis declaratione giebt der Welt ſeine Fehler zu erkennen.

q) Baianiſmus et Janſeniſmus redivivus. Epiſtola paſtoralis Archiep.
Senonen. de operibus theolog. FF. Belleli et Berti.

die Lehrjünger des Bajus und Jansenius gesetzet haben;
doch dessen ungeachtet lassen sich so viele gelehrten Männer
aus dem ansehlichsten Augustinerorden nicht irre machen eben
dieselbe Lehre dieser ihrer Mitbrüder zu Rom unter den Augen des apostolischen Stuhles mit größtem Ruhme zu behaupten. Warum solle nur uns der blinde Schuß eines Calmet
und Concina zu Boden schlagen?

LXXX.

wird widerk-
gt.
    Ich gehe weiter, und will sehen, ob der Ausspruch
des guten Concina wahr sey, daß Martin Luther und Melanchton dem Teufel alle Gewalt böse Händel wider die
Menschen zu stiften abgesprochen habe? In der ersten Pre-
digt von den lieben Engeln r) lehret Luther, der Teufel könne den Menschen erwürgen oder ins Wasser
stürzen, u. f. f. In seiner verbesserten lateinischen Li-
taney rufet er GOtt um Hilfe an wider alle teuflischen
Tücke. Und in dem Buche colloquia oder Tischgespräche
genannt s) sagt Luther: Lasset uns den Teufel nicht
also verachten; er ist wahrlich ein Tausendkünst-
ler. Sehet, wie er den armen Knaben übereilet
hat, der sich hier in Ambrosii Reuters Hause anno
1538 am 5 Tage Decemb. zu todt gefallen hat.
Eben also spricht Philipp Melanchton t) von den bösen
En-

r) Tom. 5. edit. secun. len. an. 1561.
s) Cap. 24, bey Reinharbus Lux tract. von den gottlosen Hexen.
t) Operum part. 3. edit, Witteberg. an. 1563. fol. 221, 245 et
alibi.

Engeln in verschiedenen Orten, benanntlich, wo er am Feſt-
tage des heiligen Erzengel Michaels *de cuſtodia Angelorum*, und
über das Evangelium vom reichen Praſſer *de officio Angelorum*
ſeine Rede hält. Könnte ich nicht aus dieſen angezogenen
Stellen mit eben ſo gutem Grunde folgeren: wer an die
Hexerey glaubet, wer ſolche behauptet, redet lutheriſch und
melanchtoniſch? allein weil es mir nicht zuſtehet einen Richter
abzugeben, ſo will ich auch die Hexenvertheidiger nicht zu
Ketzern machen, ſondern überlaſſe es dem päpſtlichen Stuhle
zu entſcheiden, wer katholiſch, wer lutheriſch ſchreibt; mir iſt
genug, daß Rom, obſchon dieſer Hexenſtreit zu allen Zeiten
und erſt vor wenigen Jahren im Welſchlande erreget worden,
weder für, noch wider die Hexerey jemal ein Urtheil gefället hat. Hätte alſo mein Herr Gegner weit beſſer gehandelt, wenn er mit Luther und Melanchton niemal zu
Markte gegangen wäre. Er hätte ſich vor der gelehrten Welt
nicht bloß gegeben, daß er auf das Anſehen ſeines Cor-
cina falſche Sätze ſchmiede.

LXXXI.

Ich hoffe, daß nach den bishero beygebrachten wichtigen Gründen die Zauberkunſt ſowohl, als die Hexerey ihre
Achtung verloren habe: und daß ſie unter die Betrügereyen
und Einbildungen verrückter Köpfe gerechnet zu werden ver-
diene. Weil aber unſer Hexenvertheidiger den Unholden um
dieſelben in ihren letzten Zügen noch zu tröſten, das aller-
feinſte Handwerk zueignet, nämlich einem Menſchen die höll-
ſchen Geiſter in den Leib zu zaubern, ſo muß ich dem Herrn
Gegner die letzte Larve ſeines Vorurtheils auch noch herunter

*Die Herren
können die
böſen Geiſter
nicht in den
Leib des Näch-
ſten zaubern.*

L neh-

ziehen. Er saget § 20: Wir haben zwar keine ausdrückliche Stelle in der Schrift, daß die Böse haben
Teufel ausgetrieben, gleichwie wir keine haben, daß
sie dieselbe in die Leiber der Menschen gezäubert,
daß sie aber beydes durch gerechte Zulassung GOttes
vermögen, ist schließlich aus der Schrift, bekennet es
die Kirche, und bekräftigen es die heilige Väter.
Bester Freund! haben sie dann Sinne und Verstand verloren, daß sie uns mit einer unglaublichen Frechheit Dinge
vortragen, die nicht den mindesten Schein der Wahrheit
haben. So ferne man aus der heiligen Schrift schließen kann,
daß ein boshafter Mensch die Gewalt habe, die höllischen
Geister in dem Leibe des Nächsten einzusperren, so beweisen
sie es. Aber nein; mein Herr Gegner befriediget sich nur
den bloßen Name der heiligen Schrift angebracht zu haben.
Aus den heiligen Vätern bringt er den heiligen Augustinus
auf die Bahne. v) Ich machete mir wahrlich ein Gewissen,
wenn ich einem so großen Kirchenlehrer Meynungen aufbör-
dete, von denen er auch nicht geträumet hat. Der heilige
Augustinus saget in der ersten Stelle, daß sich derjenige
nicht rühmen sollte, der die Macht hat die Teufel auszutrei-
ben, oder Wunder zu wirken. In der anderen Stelle, die
sie sehr dunkel übersetzet haben, behauptet der große Kirchenlehrer, daß GOtt aus gerechtem Urtheile dem Boshaften die
Gewalt gebe den Gerechten zu prüfen. In diesem Verstan-
de redet der heilige Augustinus. Und sie werden mir, so
lange sie Augen im Kopfe haben, keine Stelle in den welt-

schich-

---

v) L. 2 contra Litt. Petil. c. 56, l. 2 de Trinit. c. 8.

schichtigen Werken des heilfgen Augustinus aufweisen können, wo er einer Heye die Gewalt giebet, böse Geister in
den Leib des Nächsten zu jagen. Der letzte fürchterliche
Mauerbrecher ist ein Ritual, welches uns allen bekannt ist:
in diesem ist ein *exorcismus et benedictio maleficia patientium*, aut
a daemonio vexatorum zu finden. Ist aber diese Beschwörung
auch in dem römischen Rituale anzutreffen? Nein. Ist uns
diese Beschwörung von der allgemeinen Kirche vorgeschrieben?
Nein. Wird es von der Kirche gutgeheissen, andere Beschwörungen zugebrauchen um den Satan aus den Leibern der Besessenen zu treiben, als die das römische Ritual vorschreibet?
Nein. x) Der Herr Gegner, wenn er ein Gottesgelehrter
ist, hätte alles dieses wissen sollen. Das mehrere kann er
aus n. XL. lernen. y)

LXXXII.

Da also mein gelehrter Herr Prüfer die Scheibe so
sehr verfehlet hat, und von weitem nicht zeigen kann, daß
eine Heye die Gewalt habe die höllischen Geister in des Nächsten Leib zu zaubern, so will ich ihm zu seiner Abfertigung
und meiner Rechtfertigung aus der heiligen Schrift sowohl,
als aus den heiligen Vätern weisen, daß dergleichen zauberi-

L 2   sche

---

x) Vid. Ritual. Rom. Benedicti Papae XIV iussu editum in praefat.
   Item Catalanus in suis commentariis ad idem Rituale tom. 2,
   tit. X de exorciz. obsessis a daem. pag. 336.

y) In einigen Moralisten, ja so gar in einem diöcesanischen Rituale
   wird das armamentarium ecclesiasticum des P. Ildeph. Stoibers
   als eine Richtschnur in dem Hexen- und Zauberwesen zu gebrauchen
   vorgeschrieben, da doch dieses Buch zu Rom unter die verbothenen
   Bücher gesetzt worden.

sche Werke nicht geschehen können, ja daß der Satan ohne
sonderbare göttliche Zulassung und Erlaubniß keinen menschlichen Leib in Besitz zu nehmen fähig sey. Wir lesen in dem
H. Matthäus, z) daß die Teufel, nachdem sie von Chri-
sto dem Herrn ausgetrieben worden, gebethen haben, daß
sie in die Heerde der Schweine möchten verbannet werden.
Aus diesem sehen wir klar, sagt der gelehrte Melchiori,
a) daß den Teufeln nicht frey stunde in das Vieh
zu fahren, sondern daß dazu eine ausserordentli-
che Zulassung und ein Befehl GOttes erforderet
wurde. Aus den heiligen Vätern haben wir so klare und
deutliche Stellen, daß nach der Ankunft des Weltheilandes
die Zauberey nicht nur geschwächet, sondern zerstöret, und
vernichtet worden sey n. XV ect., daß nur diejenigen daran
zweifeln können, die sich schämen andere Meynungen anzunehmen, als die sie mit der Muttermilche eingesogen haben.

LXXXIII.

Es lehret uns auch die Vernunft, daß kein Mensch
den verworfenen Geist in den Leib des Nächsten bannen oder
übersetzen könne; denn entweders geschähe solches durch
sonderbare, oder ordentliche Zulassung GOttes. In
dem ersten Falle wäre GOtt ein Mitwirker der Hexerey, welches auch nur zu denken Gotteslästerisch ist: der andere Fall
widerspricht der H. Schrift, in welcher von dem Meßias ge-
                                                    sagt:

---

z) Rogabant eum dicentes: si eiicis nos hinc, mitte nos in gregem
    porcorum.

a) Dissertazione epistol. degli omicidi commessi con sortilegio.

ſagt wird : b) **Ich werde von deiner Hande die Zauberey hinwegnehmen, und die Wahrſagungen
werden aufhören.** Ich bitte auch, ein gottesfürchtiger
Gelehrter möchte mir ſagen, ob er ohne Verletzung der un-
umſchränkten Herrſchaft, Gütigkeit, und Vorſichtigkeit GOttes ſich könne beyfallen laſſen, daß der Wille, und die Be-
gierde ſeinem Nächſten zu ſchaden, ihn zu peinigen und zu beunruhigen eine hinlängliche Urſache ſey, GOtt zu vermögen,
über einen Unſchuldigen zu verhängen, daß ein altes böſes
Weib nach ihren verdammten Gelüſten einen oder mehrere
höllischen Geiſter in den Leib eines Menſchen zaubere? heiße
das nicht die Verhängniſſe GOttes den boshaften Gelüſten
einer Hexe unterwerfen. c) Mit was Grunde können wir
behaupten, daß GOtt dergleichen Mittel ergreifen ſolle uns
zu ſtrafen, die weder in der heiligen Schrift, noch in der
Erblehre der Kirchenväter zu finden ſind? dieſer Vernunft-
ſchluß, der in meiner akademiſchen Rede auf der 19 Seite auf
gleiche Art angebracht iſt, will meinem Herrn Gegner nicht gefallen. Er glaubt die Nuße aufgebiſſen zu haben, wenn er
eine Zergliederung der Zulaſſung GOttes zu machen weis.
Ich frage ja nicht, wie die göttliche Zulaſſung, ohne Antheil
an böſen Werken zu nehmen, geſchützet werde : ſondern meine Frage iſt, ob der zauberiſche Bann der Geiſter mit der
ordentlichen, oder ſonderbaren Zulaſſung GOttes geſchehe.
Dieſe Frage wollte mein Herr Gegner nicht beantworten,
weil er gar wohl die Stärke der Folgen einſah.

L 3   **LXXXIV.**

---

b) Michaeas c. 5 v. 11.
c) Eben alſo urtheilet P. Jordan Simon ord. S. Auguſt. pag. 46 in
dem großen weltbetrügenden Nichts.

LXXXIV.

Ich weis gar wohl, daß die Consequenzmacherey
nicht nach dem Geschmacke der Gelehrten sey: allein da mich
mein Herr Gegner so oft dazu zwinget, so wird man mir
erlauben die Nothwehr zu gebrauchen. In eben demselben
§ 20 sagt er: deswegen jener Ordensgeistliche vor dem
Päpstlichen Stuhle in seiner Rede nicht minder gelehrt
als wahrhaft behauptet, daß es eine der gesunden Vernunft zuwiderlaufende Sache seye, daß ein
Mensch den Teufel in den Leib seines Nächsten zaubern könne, indem diese Gewalt solches zu wirken
nicht in der Willkuhr des Menschen sondern gänzlich
der allgemeinen Verordnung und Zulassung GOttes
unterworfen ist. Dieser gelehrte Mann wird ja nicht so einfältig gewesen seyn, daß er wider alle Vernunft und Religion
hätte glauben können, eine Hexe habe die Gewalt ohne Zulassung GOttes die höllischen Geister in einen Körper zu zaubern, und doch, wie Bodinus erzählet, d) behauptete er,
daß diese Zauberey unmöglich sey. Dieser Geistliche hat nach
ihrer eignen Geständniße wahrhaft gesprochen; folglich kann
keine Hexe die Teufel in den Leib des Nächsten bannen: der
Schluß ist bündig, der Vordersatz ist erwiesen. Sehen sie
mein Herr Kritiker, wie sie mit ihrem Vorurtheile in ihr eigen Schwert fallen.

LXXXV.

Es giebt sehr
viele vermein-
ten Besesse-
nen.

Ich läugne keinesweges, daß es besessene Leiber gebe;
aber daß eine Hexe Geister in den Leib ihres Nächsten zaubern

---

d) Daemon. l. 2, c. 3, et l. 3, c. 6.

bern könne, dazu werde ich nimmermehr können überredet
werden. Von der ersten Gattung der Besessenen sagt der
gelehrte Papst Benedictus der XIV, e) daß sehr viele
ja die meisten sich also anstellen, als wenn sie
wirklich besessen wären, eintweders um ein All-
mosen zu erbetteln, oder weil sie von den Aerzten verlassen, Hilfe bey den Exorcisten suchen.
Der berühmte Muratorius, nachdem er die wunderbaren
Wirkungen und Handlungen der vermeinten Besessenen (die
eine systerische Krankheit, Blödsinnigkeit, Wahnwitz und Einbildungskraft, besonders bey dem weiblichen Geschlechte zeu-
gen, und hervor bringen kann) genau untersuchet, läßt sich
diese bedächtlichen Worte entfallen: daß man in den
Ländern, wo sich keine Exorcisten hervorthun,
nichts von den Besessenen weis. Auf diese Stelle
antwortet mein Herr Gegner also: *Muratori redet in dieser Abhandlung von der übermäßigen Einbildungskraft,
nicht aber von der Her- und Zauberkunst.* Der Haupt-
titel des muratorischen Werkchens führet freylich die Aufschrift Von den Kräften der Einbildungskraft; f)
aber das Kapitel, g) aus dem der Text gezogen ist, handelt
von den Besessenen, und von verschiedenen Hexenpossen, als
nämlich von der Ausfahrt der Hexen, von ihrer Buhlschaft
mit dem Teufel, von der zauberischen Unvermögenheit im
Ehestande u. s. f. Diese vorgeblichen Künste werden von
dem

e) De canonizat. sanct. l. 4, part. 1, c. 29.
f) Della forza della fantasia umana.
g) C. 10, della forza della fantasia attribuita alla magia.

dem gelehrten Muratori, in dieser Abhandlung der Krankheit einer verrückten und verdorbenen Phantasie zugeschrieben.
Wir sehen also sonnenklar, daß Muratori von der Hexerey und Zauberkunst rede: nur unser Liebhaber der Wahrheit
ist so blind, daß er grundfalsche Sätze für Wahrheiten an-
siehet; o wie viel vernünftiger hätten sie gehandelt, wenn sie
aufrichtig gesaget hätten: das Buch ist welsch, ich habe es
nicht verstanden.

LXXXVI.

Rechtferti-
gung des
Stoffes der
akademischen
Rede.

Die grossen und hochgelehrten Männer Muratori,
Maffei, Tartarotti versichern uns, daß dem Ansehen der
Religion, der Ruhe des Staates, dem Heile und der Wohl-
fahrt der Unterthanen nichts nützlicher, nichts ersprießlicher
nichts wichtiger seyn könne, als das verderbliche Vorurtheil
der wirkenden Hexerey aus dem Sattel zu heben, und die
Kinderpossen der Hexenfahrt, Wettermacherey u. d. g. aus
dem Reiche der vernünftigen Welt zu jagen. Da mir also
von einer hochlöbl. churbaierischen Akademie der Wissenschaften aufgetragen wurde, an Sr. churfürstl. Durchleucht
unsers gnädigsten Herrn höchst erfreulichem Namensfeste
eine akademische Rede abzulesen, habe ich mir vorgenommen,
von dem so nützlichen Stoffe, nämlich von dem gemeinen
Vorurtheile der wirkenden und thätigen Hexerey zu reden.
Diese meine Gesinnung habe ich den 2 Octobers 1766 der
hochansehnlichen akademischen Versammlung vorgeleget, und
sie wurde genehmgehalten. Den 13 Octobers als an dem Tage, da ich meine Rede gehalten, hatte ich die höchste Gnade
von

von Sr. Excellenz unserm würdigsten Herrn Präsidenten
bey unserm durchleuchtigsten Stifter aufgeführt zu werden, und meine akademische Rede den gnädigsten Händen
des großen Kenners der Wissenschaften, nicht ohne höchst-
desselben Wohlgefallen unterthänigst zu überreichen.

LXXXVII.

Mit was für einem Grunde kann also mein Herr
Gegner § 21 sagen: Vielleicht ist auch deswegen diese
Rede.nicht unter dem Schutz der Churbairischen Aca-
demie an das Liecht getretten? Hat ihn vielleicht irre gemacht, daß meine Rede nicht in d r akademischen Presse gedruckt worden ist? Er hätte aber mit leichter Mühe erfragen
können, daß die akademische Buchdruckerey um eben die Zeit,
da meine Rede hat müssen gedruckt werden, in ein anders
Haus übersetzet worden. Womit habe ich doch meinem Herrn
Gegner oder sonst Jemanden die mindeste Gelegenheit gegeben mir mit dergleichen schmähsüchtigen und niederträchtigen
Anzüglichkeiten zu begegnen, daß man nicht mehr meine Schrift,
sondern meine Person lächerlich und verächtlich zu machen suchet? Ich habe mich in meiner Anrede durch Beysetzung meines
Namens der Welt zu erkennen gegeben: und doch zieht man
wider mich mit erdichteten Vorwürfen auf, die nicht den gering-
sten Zusammenhang mit der Widerlegung derselben haben. Ich
weis also nicht, was unparteyische Leser, die ehrlich gesinnet
sind, von so ungerechter und hölzerner Aufführung sagen oder
denken können.

ℳ   **LXXXVIII.**

LXXXVIII.

K. K. Patent
wider das
Vorurtheil
der wirkenden
Zauberey.

Eben da ich beschäftiget bin den 21 und letzten Absatz zu widerlegen, wird mir von einem Gelehrten aus Wien ein ganz neues königl. kaiserl. Patent zugeschickt, so in der Haupt- und Residenzstadt Wien den 5 Novembers im Jahre 1766 gegeben ist. Es enthält solches 16 Artikel von der Zauberey, Hexerey, Wahrsagerey, Gespensterey und dergleichen. Der erhabene Geist Ihrer K. K. Majestät Maria Theresia beeifert sich in allen ihren Erbländern und Staaten dem Malefitzwesen in Betreffung obiger Puncten durchgehends eine neue und verbesserte Gestalt zu geben, den Richtern das blutdurstigen Schwert wider die betrügende Zauberer und träumenden Hexen aus den Händen zu reißen, und die eingebildete Furcht der teuflischen Zauber- und Hexenkünste aus den Gemüthern ihrer Unterthanen zu verjagen. Wir wollen, weil ohnehin mein Werkchen schon ziemlich angewachsen ist, nur zween Artikel aus dieser allergnädigsten Verordnung anziehen, um sowohl unsern Gegner als andere seinesgleichen, die gelehrt in der Welt scheinen wollen, zu belehren, wie stark sie von Vorurtheilen eingenommen seyen. § 3 lese ich: Wie weit aber der Wahn vom Zauber- und Hexenwesen bey vorigen Zeiten bis zur Ungebühre angewachsen sey, ist nunmehro eine allbekannte Sache. Die Neigung des einfältig gemeinen Pöbels zu aberglaubischen Dingen hat hierzu den Grund geleget, die Dumm- und Unwissenheit, als eine Mutter der Verwunderung, und des Aberglaubens,

dens, hat solchen befördert; woraus dann, ohne
das Wahre von dem Falschen zu unterscheiden,
bey dem gemeinen Volke die Leichtgläubigkeit ent-
sprungen, alle solchen Begebenheiten, die selbes
nicht leicht begreifen kann, und doch nur aus na-
türlichem Zufalle, Kunst, oder Geschwindigkeit
herrühren, ja so gar solche Zufälle, die ganz na-
türlich sind, als Ungewitter, Viehumfall, Leibs-
krankheiten, 2c. dem Teufel, und seinen Werkzeu-
gen, nämlich den Zauberern, und Hexen zuzuschrei-
ben. Diese Begriffe von zahlreichem Zauber-und
Hexengeschmeiße wurden von Alter zu Alter fort-
gepflanzet, ja den Kindern fast in der Wiege mit
fürchterlichen Geschichten, und Mährlein einge-
präget, und dadurch dieser Wahn allgemein ver-
breitet, und immer mehr und mehr bestärket: und
selbst in Führung dergleichen Processe ist von den
ächten Rechtsregeln großen Theils abgewichen
worden. § 7 Sagt die allerdurchleuchtigste Kaiserinn:
Wir haben gleich bey Anfange Unserer Regierung
auf Bemerkung, daß bey diesem so genannten
Zauber - oder Hexenprocesse aus ungegründeten
Vorurtheilen viel Unordentliches sich mit einmen-
ge, in Unseren Erblanden allgemein verordnet,
daß solche vorkommende Processe vor Abundma-

dyung eines Urtheils zu Unserer höchsten Einsicht
und Entschließung eingeschicket werden sollen;
welch Unsere höchste Verordnung die heilsame
Wirkung hervorgebracht, daß derley Inquisitio-
nen mit sorgfältigster Behutsamkeit abgeführet,
und in Unserer Regierung bishero kein wahrer
Zauberer, Herenmeister, oder Here entdecket worden, sondern derley Processe allemal auf eine bos-
hafte Betrügerey, oder eine Dummheit, und
Wahnwitzigkeit des Inquisiten, oder auf ein an-
deres Laster hinausgeloffen seyen, und sich mit
empfindlicher Bestrafung des Betrügers, oder
sonstigen Uebelthäters, oder mit Einsperrung des
Wahnwitzigen geendet haben. Vielleicht gönnet uns
die Vorsicht, daß diese weiseste Vorschrift im ganzen Deutschlande allgemein werde. Bester Freund! ich wünschete ihnen,
daß sie Ohren hätten, die bis nach Wien reicheten, damit
sie hören könnten, was man allda von dem Urtheile ohne
Vorurtheil des Liebhabers der Wahrheit haltet: was ich
weis, so sagt man alldort, daß es eine verworrene Waare,
und ein elendes Mischmasch sey. Den 21 und letzten § schließet
unser Herr Gegner mit dem Ansehen des P. Calmet; allein
es ist den Gelehrten bekannt, wie widersprechend dieser Autor sich selbst sey, wann er von der Hexerey schreibet. So
viel ist gewiß, daß Calmet in dem *dictionario S. scripturae* von
Lamia die Ausfahrt der Hexen für Träume und Einbildungen hält.

LXXXIX.

LXXXIX.

Nun sollte ich wohl von meinem Herrn Gegner Ab-
schied nehmen, weil er mir ohnehin nichts weiter zu sagen
hat. Allein ich kann mich unmöglich enthalten noch etliche
Worte zu sagen, und solche der reiffen und gesunden Den-
kungsart meiner geneigten Leser zu überlassen. Aus dem bishero Angeführten erhellet genugsam, wie weit der Glaube
an die Zauberkunst und Hexerey der Wahrheit der göttlichen
Schrift entgegen, wie ferne er von den heiligen Verordnungen der Kirche, und von der Erblehre der heiligen Väter,
ja wie sehr dieser Glaube der gesunden Vernunft zuwider sey.
So lange man glauben wird, daß die Zauberey eine wahre
und wunderwirkende Kunst sey, werden die Geistlichen vergeblich gegen die Sünde des Aberglaubens predigen; es werden allzeit Verwegene seyn, die versuchen werden, durch die
Schwarzkunst ihre bösen Gelüsten zu sättigen, und sich auch
kräftig einbilden, daß sie solche wirklich erfüllten. Wenn
man aber die Leute belehren und überweisen wird, daß sie
so gräuliche Sünden vergeblich begehen, daß sie durch An-
rufung, Beschwörungen und Bindniß mit dem Teufel nimmermehr etwas erlangen können, daß alle Mährchen der
Ausfahrt, Wettermacherey, Teufelsbannung und dergleichen, die man von den Hexen erzehlet, nichts als Träume,
thörichte Einbildungen, und leeres Geschwätze der Hexen-
romanen seyen, o wie viele Aberglauben, sacrilegischen
Gräuel, erschröcklichen Missethaten, verfluchten Schatzgra-
bereyen, und gottesschänderischen Unternehmungen, ja wie
viele tausend Todtsünden würden nicht unterlassen und ver-

Summari-
scher Begrif
des ganzen
Innhalts die-
ses Werk-
chens.

M 3 hütet

hütet werden! es würde nicht eine jede Wirkung, davon man die natürliche Ursache nicht zu geben weis, wider alle Gesetze der Weltweisheit so gleich einer teuflischen Kraft zugeeignet werden. Man würde mehr Hilfe bey den Aerzten als Seegensprechern suchen. Die Hexengeister würden nicht so sehr geplaget seyn. Die weltlichen Richter würden um ein Gutes weniger zu thun haben, und bey den Gottesge= lehrten würden die Abhandlungen von dem Aberglaube den Zaubereyen rc. weit kürzer abgefasset werden. Mit einem Worte: die Kirche GOttes würde ihr altes geheiligtes An= sehen in ihren Gliedern wiederum bekommen.

XC.

Mein! wie solle man wohl glauben können, daß der Urheber aller Dinge, welcher zuweilen unsere lebhaften und öfteren Gebethe für das besondere und allgemeine Anliegen nach seinen unergründlichen Absichten nicht erhöret, die schäd= lichen und verruchten Begierden eines boshaftigen Weibes erhöre, und zulasse? mit was für einem Grunde können wir behaupten, daß der Teufel so erstaunliche Wunder einer Hexe zu gefallen wirken sollte, da doch dieser arme Geist nicht einmal fähig ist, eine arme Hexe um einen Ducaten reicher zu machen, oder auch nur einen Braten von dem Spie= ße eines Reichen zu stehlen um den Hunger seiner lieben Vet= tel zu stillen? Wie soll man sich können überreden lassen, daß die bösen Geister so große Macht und Herrlichkeit in der Welt spielen, nachdem sie ohne besonderen Befehl GOttes, oder Wunderwerk weder erscheinen, noch einen wahren Kör= per annehmen und bilden können? Wer solle heutiges Ta=

ges

ges glauben, daß der Satan, welchem durch die Ankunft
unsers Weltheilandes alle Gewalt das menschliche Geschlecht
mit zauberischen Scheinwundern zu äffen genommen worden,
den Hexen und Zauberern beystehen sollte? Wie ist es möglich, daß, nachdem uns GOtt durch den Mund seiner Propheten, durch die Lehre so vieler heiligen Väter versichert
hat, daß die Zauberkunst völlig zernichtet sey, dieselbe
noch ein Daseyn haben solle? Hätte die Zauberkunst oder
Hexerey nur eine geringe Spur von einer wunderbaren Wirkung, so würde gewiß in einem ganzen Kriegesheere wenigst
ein einziger Hauptmann, oder doch ein gemeiner Kriegesknecht
zu finden seyn, der solcher Kunst, um Ehre oder Glück zu
erwerben, oder einen fliegenden Spion abzugeben, wonicht
mit einem Hagelwetter den Feind aus dem Felde zu schlagen
sich bedienen würde. Es würde in unseren Zeiten, wo die
wahre Religion so erkaltet ist, ein Verzweifelter bey seinem
dringenden Schuldenlast Hilfe bey den Zauberern, oder selbst
bey dem Teufel suchen. Allein da wir von diesen allen kein
wahres Beyspiel haben, sind wir genug überzeugt, daß diese
brodlose Kunst in dem bloßen Name bestehe, ja daß die
Zauberey betrügend, und die Hexerey träumend sey.

XCI.

Ich werde zwar ohnfehlbar meinen ungenannten Herrn
Präser in den Harnisch gebracht haben, daß ich sein verwirrtes und seichtes Hexensystem mit so häßlichen Farben ab-
gezeichnet habe, daß ich alle seine Einwürfe mit ihrer nichtsbedeutenden und unwirksamen Kraft ganz nackend ihm zurücke ge-
schickt habe, und daß er sich so oft dem Gelächter ausgesetzet sehen
muß;

*Abfertigung
des Herrn
Gegners.*

muß; allein ich war gezwungen seine Unbelesenheit, und die falschen Meynungen, die er so unbehutsam der Kirche GOttes und
dem großen Kirchenlehrer Augustinus aufbürdet, der vernünftigen Welt unter die Augen zu legen. Ich mußte das hochmüthig
abgefaßte Urtheil ohne Vorurtheil ein wenig erniedrigen, und
die so gräuslich eingeschlichenen Vorurtheile in ihrer Blöße darstellen. Mit einem Worte, ich wollte ihm als ein eifriger
Liebhaber der Wahrheit die Wahrheit sagen. Damit aber
mein Herr Gegner seines Vorspruches aus dem heiligen Augustinus zu keiner Zeit vergessen möge, so schließe ich diese
wenigen Bogen mit eben den Worten, womit er sein Vorurtheil ohne gründliches Urtheil angefangen:

Qui praesumit de viribus suis ante, quam pu-
gnet, ipse prosternitur.

Man muß in keiner Sache anbinden, der
man nicht gewachsen ist.

Avertissement.

Sichere Nachrichten vom Donaustrome geben, daß
dort ein neuer Feind wider die Zauberer- und Hexenvertheidiger zu Felde ziehen werde; mein Herr Gegner kann sich
also, wenn er noch Muth auf dem Fechtplatze zu erscheinen hat, einer Alliance versehen.

Der

Verzeichniß

katholischer Schriftsteller, welche die wirkende und thätige Hexerey und Zauberkunst theils in ihrem Umfange, theils stückweise läugnen und verwerfen.

Anno		Anno	
1230.	Wilhelmus Paris. Episc. Arvern. *de Vniuerso.*	1560.	Martinus Azpilcueta dictus Nauarrus. *Manual. Confeß.*
1400.	Samuel Caffini. *Releft. Theolog.*	1570.	Philippus Broideus. *Hiftor. fori romani.*
1450.	Alphonfus Spina Episc. Thermop. *Fertalit. fidei.*	1580.	Michael Montaigne. *Effais.*
		1590.	Petrus Erodius. *Rer. iudicat.*
1460.	Ambrofius Vignatus. *de Haerefi.*	1590.	Leonardus Vairus Episc. Puteol. *de Fafcinat.*
1500.	Chriftoph. Landinus. *Comento fopra Dante.*	1600.	Io. Baptifta de Porta. *Magia naturalis.*
1510.	Martinus d'Arles. *de Superftit.*	1610.	Philippus Camerarius. *Oper. hor. fucceßiu.*
1520.	Jo. Francifcus Ponzinibius. *de Lamiis.*	1630.	Fridericus Spe. *Coutio criminalis.*
1530.	Thomas de Vio dictus Caietanus Card. *Comment. fupra S. Thom.*	1630.	Gabriel Naudaeus. *Apologie pour les grands perfonages fauffement foupçonnez de Magie.*
1540.	Andreas Alciatus. *Parergon iuris.*	1640.	Petrus Gaffendus. *Phyficae.*
1550.	Francifcus Duarenus. *Tit. ad L. cornel.*	1660.	Francifcus de la Mothe le Vayer. *Oper. tom.* 1. et 2.
			1680.